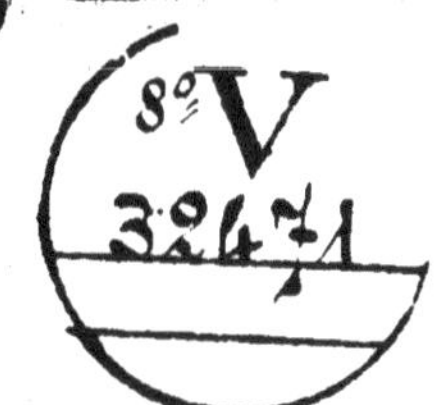

Commandant DE GRANDMAISON

DRESSAGE DE L'INFANTERIE

EN VUE DU

COMBAT OFFENSIF

AVEC UNE PRÉFACE

DE M. LE GÉNÉRAL LANGLOIS

ANCIEN MEMBRE DU CONSEIL SUPÉRIEUR DE LA GUERRE

Troisième édition

BERGER-LEVRAULT & Cie, ÉDITEURS

PARIS
5, RUE DES BEAUX-ARTS, 5

NANCY
18, RUE DES GLACIS, 18

1908

DRESSAGE DE L'INFANTERIE

EN VUE DU

COMBAT OFFENSIF

Commandant DE GRANDMAISON

DRESSAGE DE L'INFANTERIE

EN VUE DU

COMBAT OFFENSIF

AVEC UNE PRÉFACE

DE M. LE GÉNÉRAL LANGLOIS

ANCIEN MEMBRE DU CONSEIL SUPÉRIEUR DE LA GUERRE

Troisième édition

BERGER-LEVRAULT & Cie, ÉDITEURS

PARIS | NANCY
5, RUE DES BEAUX-ARTS, 5 | 18, RUE DES GLACIS, 18

1908

PRÉFACE

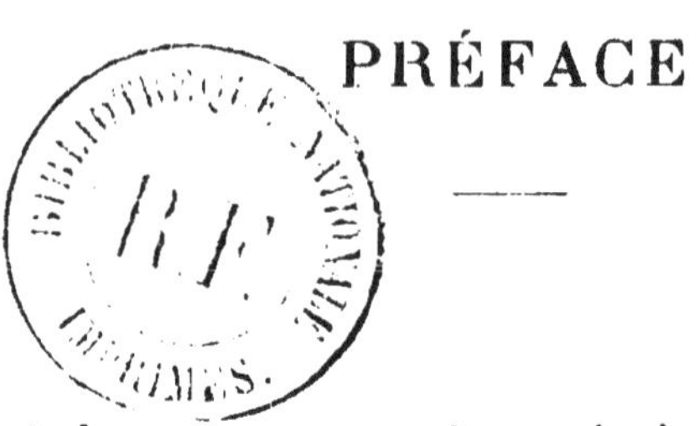

Le règlement expose des *principes;* il appartient aux officiers de trouver eux-mêmes les *procédés* d'application variables suivant les conditions de l'armement. Les guerres les plus récentes ont montré l'extrême difficulté de l'attaque par l'infanterie; les procédés d'exécution de cette attaque doivent donc répondre à des nécessités nouvelles. Or, tous les officiers ne sont pas en mesure de trouver d'emblée les solutions les plus satisfaisantes.

M. le commandant de Grandmaison, après avoir étudié avec le plus grand soin et une vive intelligence critique les campagnes les plus récentes, a cherché les méthodes les plus convenables pour l'exécution de l'offensive. Il rend le plus grand service en faisant part à ses camarades du résultat de ses réflexions et de son expérience pratique dans le commandement d'un bataillon pendant plusieurs années.

Partant de ce principe que l'offensive seule donne des résultats positifs, il vise surtout, dans l'instruction, le combat offensif. L'enseignement des procédés de cheminement, sur les terrains les plus variés, doit donc prendre dans l'ensemble de notre préparation une place importante. Pendant toute la durée du mouvement en avant, l'action directe du commandement sur la troupe *engagée* ne peut plus se faire sentir et il faut que chaque combattant fasse œuvre personnelle; aussi l'instruction individuelle de l'homme et sa santé morale prennent dans le combat moderne une importance capitale. Bien que, théoriquement, personne ne le conteste, ces facteurs ne tiennent pas jusqu'ici dans la pratique de l'instruction la place qui leur revient. Il en résulte que le dressage du soldat, comme le dit si justement l'auteur, doit être à tendance individualiste et ce dressage se fait, dès l'arrivée des recrues, en pleine campagne. On ne saurait qu'approuver cette méthode.

Est-ce à dire que le combat ne se conduit plus? Le commandant ne tombe pas dans cette erreur. Le rôle du commandement tend de plus en plus à « régler l'intensité de la lutte sur les différentes parties du front » par le jeu de ses réserves, suivant les termes mêmes du décret sur le service des armées en campagne.

L'individualisme ne doit cependant pas faire perdre de vue la nécessité de la cohésion; celle-ci, dit l'auteur, est le résultat « de l'habitude d'agir collectivement en vue d'un but commun »; le dressage du groupe consiste à créer ces habitudes, et toujours en terrain varié.

L'offensive, c'est le mouvement en avant; le feu n'a d'autre but que de permettre d'avancer. Lorsqu'on envisage l'offensive en considérant l'action de l'infanterie seule, on se bute à des difficultés si réelles qu'on tend à en conclure à l'impossibilité des attaques, conclusion déprimante et fausse. Le mouvement en avant, dans la zone des feux efficaces, devient impossible si l'assaillant n'a pas la supériorité du feu, constatée par la cessation ou l'innocuité du feu de l'adversaire qui se terre et ne vise plus; c'est certain. Or la supériorité du feu, l'infanterie, à elle seule, peut rarement l'acquérir : les fractions en mouvement ne peuvent tirer, souvent même elles masquent le feu des fractions immobiles qui pourraient les aider. L'éducation du groupe consiste à atténuer ce défaut en inculquant dans le cœur même des cadres et des hommes l'esprit de solidarité, puissant facteur moral qui consiste à toujours aider par son feu, dans la mesure du possible, le camarade qui se porte en avant.

Néanmoins la tâche de l'infanterie serait encore trop lourde ; aussi le commandant de Grandmaison exprime cette pensée fort juste que le problème du combat offensif ne peut être résolu que par « l'union des armes ». A l'artillerie de réaliser la supériorité du feu. Si cette supériorité était acquise franchement et pouvait être maintenue pendant tout le temps de l'attaque et sur tout le front attaqué, le mouvement en avant de l'infanterie ne serait plus qu'une marche-manœuvre. C'est le but auquel doit tendre l'artilleur et qu'il atteindrait peut-être si le nombre des bouches à feu et surtout celui des projectiles dont il dispose étaient illimités. Dans la plupart des cas, il n'en sera pas ainsi. Dès lors l'artillerie agira par rafales et chaque rafale permettra soit à la chaîne de faire un bond en avant, soit aux éléments de seconde ligne de rejoindre la chaîne, de la renforcer ou même de la pousser en avant. Cette rafale, véritable bouclier de l'infanterie, ne pourra peut-être pas se faire sentir à la fois sur tout le front attaqué ; alors elle s'appliquera successivement sur différentes zones et, dans chacune de ces zones, elle sera le signal d'un mouvement en avant qu'elle couvrira. Telle doit être la liaison des deux armes. Aussi nous voudrions, aux exercices si méthodiques indiqués par l'auteur pour le dressage du groupe de l'infanterie, ajouter des exercices spéciaux pour le dressage du groupe mixte, pour l'étude de la liaison des armes. On arriverait ainsi à comprendre que si la puissance des armes actuelles rend fort difficile une attaque mal appuyée — et les Japonais aussi bien que les Russes ont fort mal appuyé leurs attaques — l'effet matériel et moral des bouches à feu modernes facilite au contraire l'offensive, même directe.

En attendant, les officiers d'infanterie trouveront dans le livre du commandant de Grandmaison, pour le dressage individuel du troupier, pour le dressage du groupe, pour le déploiement des avant-gardes, etc., des méthodes qui s'écartent des routines trop longtemps suivies et qui ont fait leur preuve par des résultats *incontestables* aux manœuvres. Ils ne sauraient trop lire cet opuscule, le méditer et y puiser des renseignements précieux.

Général H. LANGLOIS

AVANT-PROPOS

On constate chez les officiers d'infanterie qui s'occupent de leur métier une inquiétude justifiée. Nos procédés d'instruction sont-ils appropriés d'une part aux besoins du combat moderne et d'autre part aux nécessités du service à court terme ? Il est permis d'en douter.

Le combat d'aujourd'hui exige une infanterie souple, très manœuvrière et pratiquement rompue au tir de guerre. Le service à court terme veut que ces résultats soient rapidement obtenus.

Nous avons largement élagué déjà nos vieux règlements et fait à l'initiative individuelle une part considérable. Ce n'est peut-être pas suffisant. Pour obtenir un dressage de la troupe plus rapide et plus pratique, quelques détails supprimés importent peu ; c'est l'esprit même et — si j'ose dire — les mœurs de notre instruction qu'il faut modifier.

L'initiative individuelle généreusement assurée est une conquête féconde à laquelle nous ne devons plus renoncer ; mais, pour porter ses fruits, cette initiative doit s'appuyer sur une doctrine positive.

L'étude du combat offensif est la seule base solide qu'il soit possible de donner à l'instruction du fantassin. On trouvera dans la première partie de ce livre une courte analyse du combat offensif tel que les enseignements des guerres récentes nous le montrent. C'est le tronc commun sur lequel doivent venir se greffer toutes les branches de notre instruction.

Dans la deuxième partie il est question des méthodes proprement dites et de leur application pratique.

En imprimant ces notes, notre but n'est pas d'offrir un guide-âne aux paresseux ni de creuser une nouvelle ornière à la routine, mais de fournir aux instructeurs de bonne volonté des matériaux de travail éprouvés par une expérience sérieuse.

Nous voudrions, avant toute autre chose, leur faire partager cette conviction que, dans notre métier, la partie la plus élevée, la plus attachante et la plus utile de notre tâche est l'instruction.

DRESSAGE DE L'INFANTERIE

EN VUE DU

COMBAT OFFENSIF

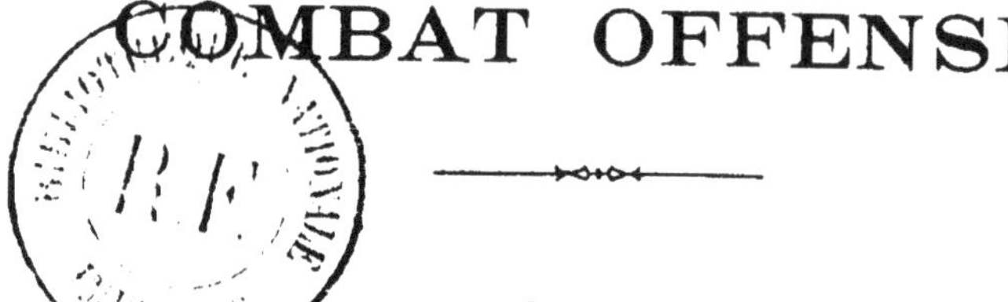

PREMIÈRE PARTIE

L'INFANTERIE DANS LE COMBAT OFFENSIF

CHAPITRE I

LES FORCES MORALES

Dans cette étude sommaire du combat offensif strictement limitée aux constatations nécessaires pour servir de base à notre instruction, nous utiliserons les enseignements hors de discussion que nous imposent les résultats de la campagne anglaise dans l'Afrique du Sud et ce que nous savons déjà de la guerre russo-japonaise — renvoyant, pour toute la partie documentaire et la discussion, aux ouvrages parus sur la matière.

D'ailleurs, nous ne traiterons pas ici de manœuvre ni de tactique combinée du champ de bataille, mais seulement de la forme du combat de l'infanterie, du mécanisme de la lutte, pourrait-on dire, si le mot ne suggérait une idée aussi contraire à la réalité des choses. Car, rien au monde n'est plus éloigné de la mécanique.

Nos idées sur le combat sont vagues et, de parti pris, fort optimistes. Ceux même qui ont combattu n'en veulent pas toujours croire leurs souvenirs, ni s'avouer leurs impressions. Risquer sa vie à chaque pas pendant des heures entières n'est pas un jeu pour le commun des hommes ; aussi, quel que soit l'adversaire qui lui fait face, l'homme au combat n'a qu'un ennemi : la peur, et c'est celui dont il parle le moins volontiers.

C'est une vérité qu'il faut connaître et méditer si l'on veut traduire en concepts précis l'habituel lieu commun des « forces morales ».

Au seuil de chacun de nos règlements militaires, l'importance des forces morales est affirmée en quelques phrases éloquentes, mais généralement notre culte ne va pas au delà de cette invocation liminaire consacrée par la tradition, et après l'accomplissement de ce rite, destiné — semblerait-il — à rendre propice quelque divinité lointaine, on se croit en droit de n'y plus penser.

C'est un tort grave et vouloir, comme on le fait trop souvent, étudier des méthodes d'instruction et des procédés de combat d'une façon en quelque sorte impersonnelle et indépendante du combattant « moral », est aussi déraisonnable que de construire une machine sans tenir compte de la force motrice qui doit l'animer.

On nous enseigne bien que les facteurs psychiques sont prépondérants dans le combat ; ce n'est pas assez dire : à proprement parler, il n'y en a point d'autres, car tous les autres, tels que la perfection de l'armement et l'habileté de la manœuvre, n'agissent qu'indirectement, par les réactions morales qu'ils provoquent.

Une guerre importante survenant après une assez longue période de paix marque nécessairement dans les idées militaires une réaction très nette en faveur de la prudence. On est allé jusqu'à conclure des récits de guerre du Transvaal que, nul ne pouvant plus affronter la puissance de destruction des engins modernes, l'offensive directe n'est désormais qu'une coûteuse utopie. Si les événements d'Extrême-Orient ont fait justice de cette exagération en montrant que l'attaque de front en face du fusil moderne n'est pas impossible, il n'en reste pas moins prouvé qu'elle est devenue extrêmement pénible.

Dans ces conditions, il semble que l'on devrait — puisqu'il est plus difficile qu'autrefois — trouver le combat plus meurtrier; la statistique affirme le contraire. Faut-il en conclure que les témoins ont tort ? Certainement non, et ce serait une erreur de s'en rapporter sans réserve à « l'éloquence des chiffres ».

L'impression immédiate des combattants est notre seul document de première main et doit être tenue pour vraie, mais l'interprétation qu'ils en donnent est souvent inexacte. Aussi n'est-ce pas l'exemple de procédés tactiques, souvent improvisés sous le feu et pouvant nous convenir fort mal, qu'il convient de leur demander, mais la notion exacte de ce qu'on peut obtenir de l'homme en face du danger d'aujourd'hui.

Le danger de mort, toujours le même au combat, se manifeste à chaque époque avec une physionomie spéciale et le moral des combattants est atteint plus encore par la forme que par la matérialité du risque.

Les chiffres qui expriment ce risque, malgré leur rigueur apparente, ont donc pour nous moins d'importance et de réalité que la constatation de faits psychiques et le dire de ceux qui ont vu. Ce n'est pas l'effet des armes employées qui commande les procédés et détermine les conditions du combat; c'est l'impression que ces armes font sur l'homme.

L'apparente antinomie entre l'affirmation des combattants qui nous montrent le combat plus difficile et plus terrifiant que jamais et les chiffres de la statistique qui le prouvent moins meurtrier, nous en apporte une frappante confirmation.

L'enseignement le plus remarquable à coup sûr et le plus inattendu peut-être des batailles récentes sera donc qu'aujourd'hui encore : « le cœur humain est le point de départ en toutes choses de la guerre ». C'est en tout cas celui qui nous a paru le plus propre à jeter quelque lumière sur le difficile problème du combat de l'infanterie.

CHAPITRE II

PRINCIPES DU COMBAT OFFENSIF

La récente expérience de la guerre d'Extrême-Orient nous permet de ne plus discuter certaines théories issues de la campagne anglaise dans l'Afrique du Sud. L'offensive directe est possible; on attaque en face du fusil à répétition et à poudre sans fumée. Nous ne ferons d'ailleurs aucune difficulté pour reconnaître que le combat offensif de l'infanterie est difficile et coûteux et qu'il exige des procédés nouveaux. Avant d'étudier ces particularités, il nous faut rappeler quelques principes hors de conteste après comme avant les deux dernières guerres.

L'infanterie a, nous dit-on, deux modes d'action : « le feu et le mouvement en avant ». Il serait plus juste de dire que, dans l'offensive, le seul mode d'action de l'infanterie est : « le mouvement en avant par le feu », de façon à faire ressortir à la fois la corrélation et l'importance relative de ces deux facteurs.

Il importe en effet d'affirmer immédiatement que le feu n'est qu'un moyen pour permettre le mouvement en avant. L'oubli de ce principe mène parfois aux plus déplorables aberrations.

L'expérience montre que la crainte irraisonnée souvent déraisonnable et rarement absolument consciente de l'abordage est le véritable levain de la démoralisation pour le combattant, dès qu'il perd le sentiment de sa supériorité, et ce serait une dangereuse illusion que d'espérer, par des feux à distance, déraciner des troupes solides de la position qu'elles défendent et des tranchées qui les couvrent, s'il ne s'y joint la crainte de se voir aborder ou tourner.

Remarquons en outre que le fait d'obliger l'ennemi à céder le terrain qu'il occupe est le seul signe certain du succès et c'est dans ce sens qu'on peut dire : Vaincre, c'est avancer.

Il est donc absolument nécessaire, pour obtenir une décision, que l'infanterie avance sur l'ennemi, et elle ne peut avancer que par le feu. Dans ces conditions, le problème de l'attaque pourra se poser comme il suit : « comment l'assaillant peut-il s'établir à portée efficace avec des forces supérieures en face de la défense, prendre sur elle la supériorité du feu, s'en approcher de plus en plus de manière à pouvoir enfin atteindre d'un bond la position » ?

Un point de cet énoncé exige une immédiate explication. Puisque c'est la condition nécessaire du succès, qu'est-ce au juste que prendre la supériorité du feu ? Peut-être serait-il prudent de se contenter d'une constatation : « avoir la supériorité du feu, c'est : dans l'offensive, pouvoir avancer, malgré l'ennemi, aux distances efficaces de tir ; dans la défensive, empêcher l'ennemi d'avancer ».

Essayons cependant de préciser.

A partir d'une certaine distance, toute troupe vue — quelle que soit sa formation — est clouée au sol par le feu du défenseur. Mais, si elle arrive par son propre feu à éteindre ou au moins à gêner le tir de son adversaire, à faire qu'il ne tire plus ou qu'il tire mal, elle pourra continuer à avancer. Sa progression sera d'autant plus facile et plus sûre qu'elle tiendra plus complètement le défenseur sous l'impression déprimante d'une lutte inégale. Elle aura la supériorité du feu.

Donc, c'est un fait : à partir d'un certain moment, l'infanterie de l'attaque ne peut plus avancer ni même se montrer en formation dispersée sous le feu d'un adversaire de sang-froid et tirant à l'aise. Elle doit, pour continuer à progresser, agir sur l'ennemi, le soumettre à un feu assez efficace pour éteindre ou au moins rendre incertain son tir [1].

1. Il faut observer que très souvent, en face d'une artillerie supérieure, l'infanterie n'atteindrait même pas la portée efficace de tir du fusil — alors que, soutenue par

Ce moment critique du combat où l'on peut et où il faut nécessairement affirmer cette première supériorité dépendait jusqu'ici, en grande partie, de la « portée pratique » de l'armement. Avec les armes d'aujourd'hui d'autres facteurs entrent en ligne de compte.

Cette distance était de 100 mètres au commencement du dix-neuvième siècle, de 400 à 500 mètres en 1870, elle eût été de 500 à 600 mètres avec le fusil modèle 1874. Pendant les dernières guerres, elle fut portée, nous dit-on, vers 800-1 000 mètres.

Il est vraisemblable que dans une guerre européenne, quels que soient d'ailleurs les perfectionnements apportés au fusil, la distance efficace de combat ne dépasserait pas ce chiffre.

Longtemps la valeur de l'armement a presque seule influé sur la largeur de cette zone de mort. Mais, on l'a vu, ce n'est pas du tout à la portée extrême de l'arme que correspond la distance efficace de combat. On la trouve toujours voisine de la portée en deçà de laquelle, l'homme dirigeant le canon de son arme vers un point quelconque du sol, a chance de tirer un coup de fusil utile.

C'est, en gros, le but en blanc que donne une visée sommaire par-dessus le canon ou, dans nos armes à hausses, par-dessus l'appareil de pointage dans sa position habituelle; ce but en blanc correspondant à peu près à une trajectoire entièrement dangereuse ou telle au moins que l'écart en hauteur dû à l'arme soit négligeable comparé aux erreurs qui proviennent du combattant.

Notre fusil actuel, tirant la cartouche 86 D, donnerait d'après cette règle au moins 800 mètres.

Mais alors interviennent d'autres facteurs, qui, à mesure que la zone s'élargit, prennent plus d'importance et arrêtent l'extension indéfinie de la « distance efficace » de tir.

Parmi ces facteurs, on peut citer :

Le dressage des hommes : avec nos trajectoires actuelles, la

---

une artillerie plus puissante ou plus habile que celle de la défense, elle pourra dans d'autres circonstances se rapprocher beaucoup plus près sans tirer. — Voulant étudier ici le combat de l'infanterie, nous avons dû, pour les besoins de l'analyse, envisager le cas où les deux artilleries sont à peu près de même valeur.

moindre erreur envoie la balle à des distances telles, qu'elle est perdue pour le combat;

L'acuité visuelle et l'habitude du plein air : si les Boers, chasseurs du Veldt et pasteurs de troupeaux, pouvaient ouvrir un feu efficace à 900-1 000 mètres, il est bien probable que cette portée devrait être sensiblement réduite avec nos hommes qui ne verront pas nettement à pareille distance;

L'habileté à profiter du terrain : à 800-1 000 mètres, les mouvements rapides de groupes en formation diluée sont très difficiles à saisir et le moindre pli du sol peut servir d'abri.

Il est rare du reste dans nos pays de trouver des champs de tir de 800-1 000 mètres sans abris. On évitera d'ailleurs de s'y engager.

Dans ces conditions, on peut, sans invraisemblance, penser que le point critique du combat se produirait « à la limite des derniers couverts en deçà de 800 mètres ».

Le combat offensif de l'infanterie comporte donc théoriquement deux périodes distinctes :

Pendant la première, à l'aide de formations diluées et d'une très soigneuse utilisation du terrain, l'assaillant peut progresser en face d'un adversaire possédant encore tous ses moyens;

Pendant la seconde, aucune unité vue ne peut plus avancer sans combattre, c'est-à-dire sans avoir, par son feu, privé l'ennemi d'une partie de ses moyens.

Dans la pratique, bien entendu, ces deux phases ne sont pas aussi nettement tranchées. La marche d'approche, d'abord facile, devient de plus en plus pénible, difficile et dangereuse à mesure qu'approche le moment où le feu de la défense deviendra — si on ne l'éteint pas au moins en partie — un obstacle insurmontable.

Après avoir constaté à quelle épreuve est soumis l'homme qui s'engage dans le domaine du fusil, désormais très élargi, pour s'y frayer laborieusement sa route et acheter chaque pas au risque de la vie, il nous faudra peut-être avouer que le plus souvent l'organisme humain serait impuissant à fournir un semblable effort.

C'est dans ce sens qu'on a pu dire que normalement, en terrain découvert, une attaque de front d'infanterie sous le feu du fusil est impossible.

La nécessité s'imposera donc de réduire cette épreuve. On connaît les moyens : utiliser le plus longtemps possible des cheminements défilés en renonçant à l'attaque directe de certaines portions de la ligne, quand le terrain ne s'y prête pas;

Alimenter le combat par l'apport de troupes fraîches et parfois, dans les interminables batailles d'aujourd'hui, relever complètement les unités engagées depuis trop longtemps;

Profiter de la nuit pour s'approcher de façon à entamer le combat à courte distance, etc.

Mais ces expédients eux-mêmes se trouveraient trop souvent inefficaces, si l'infanterie en était réduite à ses seuls moyens. Dans une action importante, cet isolement, du reste, sera tout à fait exceptionnel et, à analyser de trop près les procédés de combat du fantassin sans tenir compte de l'artillerie, on risque de faire fausse route.

L'artillerie de la défense, en avant de la première zone réservée (limitée par la portée efficace du fusil), en créera une seconde à travers laquelle la marche de l'infanterie exigera de grandes précautions.

Moins régulièrement battu, il est vrai, et vu de moins près que celui du fusil, le domaine du canon est beaucoup plus large et les procédés de tir de l'artillerie à tir rapide peuvent le rendre très dangereux.

L'infanterie de l'attaque qui devra y séjourner et s'y mouvoir pendant plusieurs heures parfois, sous la menace permanente d'une rafale, aurait à subir là — si elle était livrée à ses seules forces — une épreuve très dure et souvent suffisante pour la rebuter. Mais un autre élément intervient : l'artillerie de l'attaque.

Nous n'aborderons pas ici la question de l'emploi du canon. Constatons seulement une fois de plus qu'il est impossible d'envisager le combat de l'artillerie indépendamment de celui de l'infanterie.

Il n'y a qu'un combat, où chaque arme joue son rôle en vue du but commun. Attaquer, c'est avancer. L'infanterie doit savoir qu'elle a besoin pour avancer du secours de son artillerie ; mais l'artillerie doit ne pas ignorer que sa tâche au combat se résume en ceci : aider par son feu le mouvement en avant de son infanterie. Quand elle travaille pour son compte et non pas dans le but immédiat et direct d'aider l'infanterie, son action est sans valeur.

Nous en trouvons une intéressante confirmation dans l'évidente inutilité des bombardements lointains prolongés et sans but immédiat, si fréquents dans la campagne anglaise et exagérés encore — semble-t-il — en Mandchourie.

Remarquons qu'il ne suffit pas de signaler l'inutilité de semblables démonstrations pour les faire disparaître, et ceux-là même qui les ordonnent reconnaîtraient probablement, de sang-froid, qu'ils ne servent à rien. — C'est un phénomène moral parfaitement logique.

Deux chiens avant de se battre essayent de s'effrayer mutuellement par leurs aboiements. Les héros d'Homère s'injuriaient — hors de portée des traits — avant d'en venir aux mains. Aujourd'hui, c'est à coups de canon que l'on s'insulte et, de préférence, avec des canons portant plus loin que ceux d'en face.

Pour n'être pas raisonnables, ces pratiques n'en sont pas moins naturelles. On éprouve le besoin de se rassurer soi-même par une manifestation de force avec l'espoir d'intimider l'adversaire, de lui faire du mal sans rien risquer, de façon à éviter l'épreuve du combat vrai.

Si donc on veut, dans la suite, restreindre ces gaspillages de munitions et renoncer à ces inutiles démonstrations qui vont à l'encontre de leur but en manifestant surtout un manque de sang-froid, il ne sera pas suffisant de ne pas les ordonner, il faudra, par des précautions judicieuses, les empêcher.

CHAPITRE III

APPROCHES

Les procédés de marche imposés par les circonstances aux Anglais pendant la deuxième période de la campagne sud-africaine, aussi bien que les renseignements recueillis déjà sur les cheminements des Japonais dans l'offensive, nous documentent sur la difficulté des approches en face du fusil d'aujourd'hui. Deux points résument la question :

Emploi continuel et assez fréquent insuccès des opérations de nuit ;

Impossibilité, dans les approches de jour, de marcher en « dispositif ordonné », fût-il très ajouré. Irrégularité et désordre apparent des mouvements.

Examinons sommairement quelles conséquences il nous convient d'en retenir en vue de l'instruction.

I — Opérations de nuit

Dans les nombreuses opérations de nuit, si souvent suivies d'insuccès, que l'on nous signale — et en particulier dans la première période de la campagne sud-africaine, — il est facile de relever de graves fautes d'exécution ; mais on est frappé surtout de ce fait beaucoup plus intéressant que très souvent ceux qui les ont ordonnées ne paraissent pas s'être rendu compte de ce que l'on « peut faire la nuit ».

Les opérations de nuit doivent être de notre part l'objet d'une étude plus attentive et d'exercices plus fréquents qu'autrefois pour deux raisons :

1° Toute notre technique du combat se résume de plus en

plus dans l'emploi des feux pour agir sur l'ennemi et dans l'emploi du terrain pour éviter les effets du feu. La nuit, en rase campagne, le feu ne compte que comme épouvantail ; il en ressort que le combat de nuit, dont les moyens n'ont pas changé, diffère chaque jour davantage du combat de jour ;

2° Le fusil actuel rend le combat tellement difficile et rebutant pour l'infanterie, qu'on use de tous les moyens qui paraissent propres à l'éviter. Attaquer la nuit semble naturellement le meilleur procédé pour rétablir l'équilibre, puisque le feu ne compte plus. L'expérience des Anglais et surtout les événements de la guerre russo-japonaise montrent combien cette tendance devient tyrannique et comment elle mène à de véritables abus.

Il nous importe donc extrêmement — puisque comme les autres nous userons nécessairement et nous serons portés à abuser du combat de nuit — de fixer nos idées sur les procédés à employer dans les opérations de nuit et bien plus encore sur ce que l'on doit demander à ces opérations.

Les conditions du combat de nuit interdisent d'engager une affaire exigeant la liaison des efforts et l'intervention, en cours d'action, du commandement supérieur. Les difficultés de conduite de la troupe et son équilibre moral très instable exigent d'ailleurs que l'opération soit préparée d'avance et rendent particulièrement dangereux tout flottement, toute hésitation, toute modification au programme pendant l'exécution.

Il en résulte que toute opération de nuit doit avoir un but précis, limité et très exactement défini d'avance. Son objectif sera presque toujours : « occuper un point du terrain et le garder ».

Une attaque de nuit peut et doit être articulée en profondeur, c'est-à-dire être faite par plusieurs paquets de troupes ayant même objectif et suivant le même itinéraire. Le groupe de tête combat ; les autres le remplacent s'il échoue et surtout occupent le terrain conquis. Il n'y a donc pas combinaison, mais succession d'efforts.

L'objectif à atteindre est toujours déterminé (enlèvement

d'un poste, d'une grand'garde, d'un point important du terrain). Si le conducteur d'une attaque de nuit n'est pas exactement orienté d'avance, il fixera lui-même, avant de se mettre en mouvement, le point qu'il veut atteindre, se réservant au besoin d'en choisir un autre après avoir atteint le premier.

Quand on vise plusieurs points à la fois, comme il est impossible de monter une action large, faute d'en pouvoir relier les parties, il faut autant d'attaques distinctes que d'objectifs différents, chacune d'elles allant droit à son but. Rien n'empêche d'ailleurs de faire plusieurs efforts, c'est-à-dire de diriger plusieurs attaques distinctes par des itinéraires différents sur le même point; mais ces attaques ne seront pas « reliées ». La fixation des heures de départ est la seule coordination possible.

S'il s'agit non plus d'un combat, mais de la marche d'approche d'une unité de quelque importance, ayant pour but de gagner du temps, de traverser une zone battue par le feu, d'occuper un couvert avantageux à proximité de l'ennemi, etc., il est nécessaire d'avoir exactement déterminé d'avance le point du terrain que doit atteindre chaque colonne et d'avoir pris ses précautions pour éviter toute surprise pendant le mouvement; il faut enfin être certain de ne pas se trouver, le jour venu, en mauvaise posture pour combattre.

Le mouvement sera donc précédé de reconnaissances aussi exactes que possible; il se fera derrière un solide service de sûreté en station formé par des détachements occupant d'avance les points à atteindre ou installés en avant.

Le plus souvent une opération de nuit comprendra à la fois combat et approche de grosses unités. On commencera par enlever les postes ennemis dont la possession permettra d'occuper en forces certaines zones de terrain ou points importants en vue de faciliter le combat du jour suivant.

On voit qu'en somme l'opération de nuit est une manœuvre. Elle prépare la bataille en permettant de l'engager de plus près ou dans de meilleures conditions, mais, pas plus qu'une autre manœuvre, elle ne peut en dispenser. Si parfois la réussite d'une attaque de nuit sur un point du champ de bataille suffit à décider la retraite de l'ennemi, c'est à cause des conséquences que l'occupation de ce point pourrait avoir pour le combat de jour. Reconnaissant qu'il serait forcé de lutter dans des conditions trop désavantageuses, l'adversaire préfère y renoncer.

En ce qui concerne les procédés de combat, nous retiendrons ce qui suit :

La nuit on agit toujours « rassemblé » ; il serait d'ailleurs impossible de faire autrement.

Le combat proprement dit — bien qu'on puisse s'aborder à distance de baïonnette — est réduit à fort peu de chose. Toute sa valeur réside dans l'impression morale produite sur le défenseur par la brusquerie de l'agression. Il a peu de chances de succès s'il ne réussit pas du premier coup.

Le seul procédé de combat, la nuit, est donc non pas le choc, car il n'y a point d'effet de choc, mais la menace immédiate d'abordage se produisant d'une façon inattendue et brusque. On peut dire que sans « surprise » il n'y a pas d'attaque de nuit.

Il convient de distinguer des opérations de campagne — les seules dont nous traitons ici — les opérations de siège exécutées dans des conditions très différentes. Les adversaires séjournent des semaines entières à très courte distance, connaissent chaque motte de terre de l'espace qui les sépare et peuvent fréquemment employer des moyens artificiels, tels que le tir repéré ou l'éclairage par projecteurs. Cette remarque n'est pas inutile dans l'étude des innombrables opérations de nuit exécutées en Mandchourie. Les adversaires s'y sont, sur certains points et pendant de longues périodes, trouvés dans des conditions analogues à celles de la guerre de siège, dont ils ont d'ailleurs employé les procédés.

Cette réserve faite au sujet des opérations spéciales de la guerre de siège, répétons que, dans la guerre de campagne, l'opération de nuit est destinée à préparer le combat ; elle ne le remplace pas.

II — Approches de jour

Les Anglais de l'Afrique du Sud, au début de la guerre, ignoraient les approches. Malgré le changement total de leurs méthodes au cours des opérations, nous n'aurons — même dans la deuxième période de la campagne — que des enseignements négatifs à leur demander.

Leurs marches préparatoires au combat en minces lignes successives déployées d'avance sur un front démesuré ne peuvent convenir ni à nos hommes impressionnables, ni à nos pays coupés, en face d'un adversaire actif et muni d'artillerie à tir rapide. Du reste, aucun avantage ne rachète les inconvénients de cette dispersion, puisque aux premiers coups de fusil il ne reste rien de ce dispositif. Les impressions produites sur un témoin par l'aspect du combat au moment où le feu commence à se faire sentir sont intéressantes. — Résumons-lès, en observant que les récits provenant de Mandchourie donnent la même note.

. . . .

« Le cheminement se fait par bonds, qu'exécutent des grou-
« pes plus ou moins nombreux, sans régularité. La ligne se
« disloque en tronçons qui s'agglomèrent derrière tous les
« abris ; les parties découvertes du terrain sont évitées.

« Au début, les officiers anglais, profitant d'une accalmie,
« essayaient d'entraîner leur groupe, par leur exemple, d'un
« abri à un autre ; certains hommes, toujours les mêmes, tar-
« daient à les suivre et la troupe fondait. Ils prirent l'habitude
« d'envoyer d'avance à l'abri suivant un gradé et quelques
« hommes volontaires, se réservant de surveiller le mouve-
« ment et de pousser les retardataires.

. . . .

« Sur la ligne de combat, on cherchait à utiliser le terrain
« aussi complètement que possible. Ce sont les abris qui
« règlent la marche ; escouades, sections, compagnies entières
« viennent se pelotonner derrière chacun d'eux ; sans ordre,
« sans symétrie.

« L'aspect du combat fait ressortir l'irrésistible fascination « pour l'homme sous le feu, du *groupe* et de l'*abri*.

« Cette marche d'obstacle en obstacle dure ainsi jusqu'à « une distance habituellement comprise entre 1 000 et 800 « mètres de l'ennemi, qui est toujours invisible. — A ce « moment, les fractions de la ligne ayant devant elles un ter- « rain relativement découvert sont immobilisées.

« Les indices qui marquent ce moment du combat sont les « suivants : Tout mouvement collectif sur la ligne de combat « provoque un redoublement de la fusillade ennemie. — Les « hommes couchés ne tolèrent plus près d'eux un homme « debout et les officiers doivent prendre la même position. Il « est impossible de recueillir les blessés sans attirer une grêle « de balles. »

Voilà ce que devient aux premiers coups de feu une formation régulière. Nous nous garderons donc d'attacher une vertu quelconque à la forme d'un dispositif rigide — fût-il, comme celui des Anglais, émietté jusqu'à l'exagération — et nous retiendrons seulement les graves inconvénients de cet émiettement.

Le déploiement prématuré et excessif énerve l'attaque. Il faut utiliser le terrain aussi longtemps qu'on le peut pour marcher « en troupe » et ne former sa ligne de combat que le plus tard possible.

Le soin de maintenir la cohésion s'impose d'autant plus impérieusement que le moral du combattant est plus instable.

L'ouverture du feu retarde toujours le mouvement en avant ; un feu parcimonieux et lointain n'a pas de valeur offensive, il ralentit la marche sans agir sur l'ennemi. Les approches seront donc poussées jusqu'au moment où il devient impossible de progresser sans agir sur l'ennemi.

L'habitude de marcher dès les grandes distances en lignes ou fractions de ligne minces sous prétexte que cette formation est moins vulnérable n'est pas à encourager. Peu favorable à la cohésion, elle facilite en outre l'ouverture prématurée du feu. D'ailleurs, quand il s'agit de groupes faibles, leur vulnérabilité théorique importe peu. Le principal dans les approches — aussi bien en face du canon que du fusil — est de rendre le tir de l'ennemi difficile et peu sûr par l'exploitation complète du terrain, le peu de visibilité des objectifs présentés et l'irrégularité de leurs apparitions.

Autant qu'on en peut juger, c'est bien ainsi que l'infanterie japonaise l'a compris.

Comment, dans ces conditions, orienter notre instruction en vue des approches ?

Observons d'abord que, pour nous, toute marche pendant laquelle on cherche à gagner du terrain sans combattre sera une marche d'approche ; qu'il s'agisse d'ailleurs de soutiens en arrière de la ligne de combat ou d'éléments de première ligne avant l'ouverture du feu.

Le combattant pendant les approches, capable encore d'attention réfléchie, obéira dans une mesure assez large à la direction de ses chefs et appliquera les procédés appris. Le dressage des manœuvres peut donc se faire dans des conditions assez proches de la réalité pour donner aux hommes et aux cadres des idées justes et des habitudes utilisables au moment du besoin ; — il en résulte que l'enseignement des procédés de cheminement prendra dans l'ensemble de notre préparation une place importante.

Comme en toute question se rapportant au combat, les considérations de « moral » y doivent tenir le premier rang. Si, dans les marches d'approche, les précautions prises ont pour but immédiat d'éviter les pertes, c'est à cause de l'influence que ces pertes peuvent exercer sur le moral de la troupe ; il existe d'autres facteurs qu'on ne doit pas négliger et les procédés de marche les plus propres à réduire le chiffre des pertes ne sont pas en toutes circonstances les meilleurs.

Nous usons fréquemment, par exemple, et abusons peut-être un peu des mouvements « filtrés » homme par homme. Rien de mieux quand — le terrain s'y prêtant — on peut espérer tromper la surveillance de l'ennemi et que le soldat, n'ayant pas encore eu peur, marche isolé sans répugnance et se décolle sans efforts du sol et du groupe.

Mais dès que les balles siffleront moins rares, il sera prudent — même pour un bond à la course — de faire partir plusieurs hommes à la fois. Notre soldat n'aime pas à se battre seul ; montrer aux camarades qu'il n'a pas peur est un besoin pour lui et on fera parfois avancer d'un seul élan le groupe entier, alors que chaque homme serait incapable de faire le même bond isolément.

Même aux grandes distances d'ailleurs et sur des terrains convenables, les formations très ouvertes ne doivent être que momentanées. Avec des troupes comme les nôtres, dont la cohésion est relativement instable, il importe de rompre le plus tard possible les liens du groupe, et ce serait pour nous un véritable danger que de faire marcher et stationner longtemps de suite des hommes d'avance dispersés à larges intervalles.

Il nous faut en outre tenir compte de l'énorme perte de temps causée par des filtrages exagérés. Le temps peut devenir un facteur décisif. La faiblesse habituelle de nos effectifs nous empêche de lui donner l'importance qu'il mérite.

Toutes nos formations d'approche se résumeront en un certain nombre de groupes autonomes plus ou moins forts suivant le terrain et les circonstances. Leur mouvement sera coordonné non par des intervalles et des distances à conserver strictement, mais par une direction générale connue de tous et par l'indication de points d'arrêt successifs bien marqués sur le terrain, où le chef pourra retrouver et reprendre sa troupe. Chaque groupe, utilisant le terrain pour son compte, marchera le plus souvent possible réuni, ne se désagrégeant en « poussière humaine » que le temps strictement nécessaire pour passer d'un abri à un autre abri.

Dans la pratique, les compagnies resteront constituées aussi longtemps que le terrain permettra de les faire cheminer à l'abri, ne s'éparpillant que le temps nécessaire pour traverser un passage dangereux.

C'est seulement quand cette marche groupée deviendra trop dangereuse ou trop lente que l'unité se résoudra en groupes plus facilement maniables. (La demi-section de guerre de vingt à vingt-cinq hommes paraît constituer un groupe commode pour les approches et le combat.)

Bien qu'étudiant ici seulement la forme et les procédés de l'attaque directe d'infanterie sans aborder la tactique d'ensemble du champ de bataille, une remarque s'impose pour éviter de trop faciles malentendus.

L'attaque directe par la force n'est pas tout le combat. La période des approches, telle que nous l'avons définie, est précisément caractérisée par ce fait que l'emploi du terrain et l'habileté de la manœuvre permettent d'avancer sans entreprendre encore de briser directement par le feu la résistance de l'ennemi. On doit comprendre dans cette période l'engagement des avant-gardes, rendu si incertain et si pénible par le tir rapide sans fumée.

Cette importante question sort de notre cadre. Contentons-nous de remarquer qu'il s'agit de balayer les éléments de sûreté de l'ennemi et de déjouer ses ruses retardatrices, afin de déterminer sans retard sa véritable ligne de résistance. Ce serait donc faire le jeu de l'adversaire que de s'obstiner à enlever chaque point de résistance rencontré par un combat direct et sans largeur que la puissance du feu rend toujours très laborieux.

Le jeu des avant-gardes et des premières troupes engagées, en face d'une résistance, sera toujours l'élargissement en quelque sorte automatique, le glissement vers les ailes des éléments qui suivent la fraction accrochée de front. Si le point de résistance est isolé, il tombe devant l'investissement très rapidement obtenu ; si ce point fait partie d'une position à front étroit, les ailes en sont bientôt repérées ; s'il s'agit enfin d'une ligne large et solide, la nécessaire reconnaissance de cette ligne est hâtée par l'engagement presque simultané de plusieurs fractions sur un grand front.

Une offensive décidée est donc caractérisée, dans la période d'engagement, par l'immédiat élargissement visant l'investissement. Mais quand on a, par ce moyen, déblayé le terrain et qu'on se trouve front à front avec un ennemi qui ne se laisse pas manœuvrer, il faut en arriver à l'attaque directe, et là, nous le verrons : pas de puissance sans efforts successifs et sans profondeur.

Cette affirmation de la nécessité de l'attaque directe — en contradiction avec les idées de ceux qui veulent voir le combat tout entier dans le débordement des ailes, c'est-à-dire dans la manœuvre — ne préjuge en rien la forme que, dans son ensemble, prendra la bataille. L'expérience, d'accord avec le bon sens, prouve que, pour l'offensive, la forme enveloppante est de beaucoup la plus fréquente et la plus avantageuse.

CHAPITRE IV

COMBAT A DISTANCE EFFICACE DE TIR

Si les documents abondent précis et concordants au sujet des approches, il n'en est plus de même quand il s'agit du « plein combat ».

A partir du moment où s'entame la lutte meurtrière à bonne distance de tir, les récits deviennent incomplets et les descriptions vagues. On sent que les acteurs, absorbés par la tension de toutes leurs facultés vers le but, par l'impression violente et continue du danger, n'ont pu conserver de cette crise qu'une impression d'ensemble et des souvenirs mal coordonnés.

A ce moment, du reste, l'homme même cultivé n'obéit plus que partiellement aux conseils raisonnés de son intelligence : il agit sous l'impulsion directe de quelques sentiments simples et forts, les uns naturels les autres acquis par l'éducation et le dressage. Aucune règle, aucune formule, ne peut plus désormais le guider dans cette dure épreuve.

En conclurons-nous que notre travail de préparation à la guerre s'arrête au seuil de cette « zone de mort » et qu'il faut pour le dernier acte s'en remettre aux qualités du soldat ?

C'est un peu l'impression qui se dégage de certains écrits militaires éclos de la guerre sud-africaine. Il y a là une grave exagération. S'il est imprudent et d'ailleurs inutile de chercher des règles fixes et des formules générales, il ne s'ensuit pas qu'il soit impossible de développer et de diriger en vue du combat, par un dressage rationnel, les facultés des soldats et des cadres.

Ce sont précisément les bases de ce dressage qu'il est intéressant pour nous de rechercher.

Des faits eux-mêmes, aussi bien que de l'ensemble des impressions notées par les témoins, se dégagent quatre constatations principales :

I. — Impossibilité d'avancer sur un terrain vu, à distance efficace de tir, sans avoir préalablement agi sur l'ennemi par son feu;

II. — Difficulté presque insurmontable de conduire le combat dont les progrès paraissent dépendre uniquement de l'initiative et de la vigueur des cadres inférieurs et des soldats;

III. — Adhérence au sol et difficulté de mouvoir les troupes sur le champ de bataille;

IV. — Effet démoralisant du combat, épuisement nerveux des combattants, ayant pour conséquences : l'usure rapide et complète des troupes engagées, l'énorme accroissement de la durée du combat et l'importance de plus en plus grande des facteurs moraux.

Nous allons examiner chacune de ces constatations, notant au passage les conséquences qu'il convient d'en retenir pour notre usage pratique, mais réservant, pour les grouper à la fin et les étudier dans un meilleur jour, celles qui concernent l'*exécution des feux*.

I — Impossibilité d'avancer à distance efficace de tir sans avoir agi sur l'ennemi par son feu

Un des faits les plus considérables de la campagne des Anglais dans le sud de l'Afrique est l'incapacité presque absolue de leurs troupes à avancer en face du fusil, à distance efficace de tir. Nous en connaissons la cause : leur feu était insuffisant pour faire souffrir sérieusement l'adversaire ou incommoder son tir. En étudiant d'ailleurs les quelques attaques qu'ils ont réussies, on constate que ce sont précisément celles où par suite des circonstances ils ont pu causer des pertes aux combattants boers et les empêcher de tirer juste.

Il n'en reste pas moins prouvé que la supériorité du feu est habituellement fort difficile à prendre dans le combat d'aujourd'hui et qu'il est impossible d'emporter de front, par les procédés de la guerre de campagne, une position défendue par des hommes qu'on ne peut pas atteindre. Les renseignements qui nous parviennent d'Extrême-Orient ne font que confirmer cette constatation ; mais ils démontrent par ailleurs, sans qu'il soit besoin de plus ample discussion, que le défenseur n'est pas toujours insaisissable et qu'alors l'attaque directe peut réussir.

L'invisibilité fréquente de l'adversaire à distance efficace de tir constitue certainement une des particularités les plus notables de notre combat moderne. Ne pas être vu devient un avantage capital, et ce qu'on rapporte des mœurs de l'artillerie en Extrême-Orient vers la fin de la guerre nous montre à quel point les combattants le sentent.

La défense ne manquera pas d'en profiter.

Nous touchons là un point critique que l'attaque ne dépassera qu'au prix de grands efforts et d'une perte de temps considérable. L'expérience prouve d'ailleurs que très souvent elle n'y parviendra pas.

Pour prendre la supériorité du feu, c'est-à-dire démoraliser l'ennemi, il faut de toute nécessité l'atteindre par son feu. Cela exige trois choses :

Amener ses troupes en bonne forme à distance pratique de tir ;

Découvrir l'ennemi ;

Tirer efficacement.

Nous avons dit, en traitant des approches, par quels procédés on peut espérer vaincre les considérables difficultés de la prise de contact et s'établir à distance de tir. Mais, quelle que soit l'habileté des cheminements, c'est le plus souvent entre 500 et 900 mètres qu'on devra entamer le combat ; c'est donc à ces distances qu'il nous faudra découvrir un ennemi qui se cache et l'atteindre par notre feu.

Il convient d'insister d'autant plus que l'extrême difficulté de tirer efficacement sur les objectifs insuffisants et lointains que présentera un ennemi prudent n'est pas assez connue. Nos mœurs de manœuvre ne peuvent, à ce sujet, que fausser les idées, et ce point est dans notre instruction presque toujours sacrifié, parce qu'il exige beaucoup de soin et de temps, et que les résultats se constatent difficilement.

La nécessité d'un dressage de l'œil très sérieux par de fréquents exercices de « recherche d'objectifs » et de visées aux distances de combat (500-800 mètres) doit constituer pour nous un des enseignements importants des guerres récentes.

Mais il ne s'agit pas seulement de prendre la supériorité du feu dans un duel à distance. Le feu n'est qu'un moyen pour assurer le mouvement en avant.

Avec les distances de combat que permet la portée efficace de nos armes actuelles, l'attaque demandera beaucoup de temps et ce n'est pas au début seulement, mais pendant toute sa durée, qu'il faut dominer l'adversaire; on devra donc avoir toujours en ligne et tirant un nombre de fusils sensiblement supérieur à celui de l'adversaire.

C'est le tir des hommes arrêtés qui rend possible la marche de ceux qui avancent. La solution théorique du problème consisterait à ne faire marcher, à la fois, qu'un nombre d'hommes calculé de telle sorte que le nombre des fusils tirant de pied ferme restât suffisant pour dominer les fusils de la défense.

Le passage à la pratique est embarrassant. On peut, il est vrai, sur le champ de manœuvres imaginer des combinaisons telles qu'à chaque instant la proportion des hommes en mouvement soit limitée; et, au point de vue du dressage, ces exercices ne sont pas inutiles pour faire comprendre aux soldats et aux cadres que la possibilité, pour certains d'entre eux, de progresser dépend absolument de l'efficacité du feu des autres. Mais il importe de n'accorder à ces simulacres que la valeur qu'ils ont réellement.

Sur le champ de bataille, semblable expédient ne sera plus de mise; il deviendra tout à fait impossible de réglementer et de diriger la marche des échelons.

Chaque fraction de ligne, chaque groupe, sera livré à sa propre initiative et devra, d'une façon en quelque sorte instinctive, distinguer le moment où un effort en avant peut et doit être tenté.

Seuls, les hommes possédés du désir de vaincre, poussés par ce besoin de marcher sur l'obstacle et de joindre l'ennemi qui constitue proprement l'esprit guerrier, dressés par ailleurs au respect de l'ordre reçu et à la solidarité du champ de bataille, c'est-à-dire animés de l'esprit militaire, pourront y réussir.

Cette double tâche (maintenir la supériorité du feu et continuer à gagner du terrain en avant) dépasserait souvent, on doit le reconnaître, les forces de l'infanterie sans l'aide de l'artillerie.

On peut, il est vrai, l'alléger en certains cas, par la spécialisation au moins momentanée du travail. Quand les circonstances s'y prêtent, certaines unités installées à l'abri et à bonne portée pourront être chargées de prendre la supériorité du feu, sans autre préoccupation que celle de tenir le défenseur sous un feu nourri et soigneusement ajusté.

D'autres fractions, pendant ce duel au fusil, se glissant dans les dépressions, profitant des couverts, s'efforceront de progresser sans attirer l'attention jusqu'à distance d'assaut ou au moins jusqu'à une position convenable pour y établir, plus près de l'ennemi et dans de meilleures conditions, une nouvelle ligne de feu.

Cette méthode, qui permet dans une certaine mesure au commandement de diriger le combat, ne peut malheureusement s'appliquer avec fruit que dans des conditions spéciales, en particulier dans les terrains très accidentés, où elle devient la règle.

Le plus souvent donc, l'infanterie dans un combat sérieux, en terrain normal, serait impuissante à maintenir sa supériorité de feu tout en gagnant du terrain en avant.

C'est à la collaboration de l'artillerie qu'il faut faire appel. Grâce à sa portée, à la courbure de ses trajectoires et à la sûreté de son réglage, elle pourra toujours tirer par-dessus les troupes en mouvement ou s'établir sur les flancs. Son action n'est pas limitée à certaines phases du combat, elle est de tous les instants. C'est le rôle particulier du canon de constituer dans l'attaque cet élément fixe de la supériorité du feu, nécessaire pour conserver barre sur l'ennemi pendant tout le temps que dure le laborieux exode du fantassin.

Une artillerie spéciale sera donc désignée pour chaque attaque d'infanterie. A partir de ce moment, elle précède de son feu chaque pas de « son infanterie » et son objectif principal est toujours la troupe ennemie, canon ou fusil, qui au moment considéré tire sur cette infanterie.

Quels que soient les moyens employés pour obtenir et conserver la supériorité du feu tout en gagnant du terrain, l'infanterie s'use dans cette tâche, sa capacité de combat s'émousse, sa force vive s'atténue très rapidement (pertes, fatigues, dépression morale...).

Vouloir mener une attaque sérieuse jusqu'au bout avec les mêmes hommes sans renforcer sa ligne de combat — quelque fortement constituée qu'on la suppose d'ailleurs au début — est une utopie. Cette ligne doit être ravitaillée matériellement et moralement par des apports de troupes fraîches.

Ce ravitaillement est fort difficile, on ne peut en disconvenir, et conduire au moment voulu des réserves sur la ligne de feu constitue un problème scabreux. La possibilité pour ces renforts de cheminer à l'abri et d'atteindre sans trop de pertes les éléments engagés sur le front a même paru si douteuse, que certains critiques de la guerre sud-africaine ont proposé de résoudre le problème en supprimant simplement les renforts. Sous prétexte que jamais une « poussée » venant de l'arrière sur la ligne de feu n'a été constatée, ils ont proclamé l'inutilité de réserver des troupes et d'attaquer en profondeur.

Leur raisonnement repose sur une équivoque et on pourrait, même dans la guerre du Transvaal, citer nombre de cas où l'arrivée de troupes fraîches a permis de poursuivre et de réussir une attaque, arrêtée parfois depuis plusieurs heures.

Cette intervention souvent efficace ne se traduit pas d'ordinaire, il est vrai, par une poussée brusque, et on peut croire que presque jamais la ligne de combat ne sera poussée ou entraînée en avant par les réserves venues de l'arrière, — elle sera seulement alimentée en hommes, renforcée au sens propre du mot.

La poussée ou l'entraînement par l'élan matériel des troupes fraîches n'est guère à prévoir que dans certaines circonstances rares en somme.

Il faut, en effet, pour que cette poussée se produise :

Que les troupes de renfort atteignent la chaîne dans des formations cohérentes et relativement serrées et que le terrain et les circonstances du combat se prêtent à un mouvement d'ensemble, au moins sur la portion de ligne où se fait le renforcement.

Ces circonstances ne se présenteront guère que dans une attaque brusquée lancée de près avec une supériorité considérable et suivant immédiatement une préparation par le feu, courte peut-être, mais très énergique.

Le même effet peut être produit au moment de l'assaut en face d'un adversaire assez près de la démoralisation pour que l'apparition d'une troupe en ordre suffise à rompre définitivement l'équilibre.

Toutes les attaques sans profondeur que nous trouvons dans les guerres récentes ont échoué — la constatation a sa valeur. Mais peut-être est-ce simplement qu'elles n'étaient pas assez fortes au départ, et le mieux serait alors de mettre immédiatement assez de monde en ligne pour mener le combat jusqu'au bout.

Cette solution n'est pas acceptable. Le terrain, dans une attaque sérieuse, ne suffirait pas au déploiement. Les lignes trop denses ne pouvant se mouvoir que péniblement et se défiler qu'imparfaitement subiraient de grosses pertes sans que leur feu en devienne plus efficace, car les hommes, se gênant mutuellement et mal abrités, tireraient moins vite et plus mal.

Sur un front d'attaque, on ne trouvera d'ordinaire qu'un nombre restreint de cheminements avantageux. Ces cheminements seront successivement exploités par les groupes de première ligne, puis par les renforts. Si on constitue dès l'abord la première ligne trop fortement pour que tous les éléments puissent en profiter, ceux d'entre eux qui seront obligés d'emprunter les parties découvertes du terrain, bientôt immobilisés à longue distance, se trouveront dépensés sans profit.

On peut considérer ces zones de marche abritée comme des canaux chargés d'alimenter le champ de bataille. Quand il faudra se déployer pour combattre, la ligne de combat se formera par épanouissement au débouché de chacun des cheminements suivis; puis les troupes continuant à affluer par les mêmes voies, la ligne de feu deviendra, aux abords de ces cheminements, assez forte pour prendre la supériorité nécessaire et gagner du terrain. Il se formera là comme les points d'usure ou, si l'on veut, les dents de l'attaque.

On le voit, la conception du combat d'infanterie utilisant le terrain est incompatible avec la formation à longue distance d'une ligne unique et très dense.

D'autre part, en mettant immédiatement en ligne tout son monde, on n'obtiendrait pas cet indispensable réconfort moral produit par l'arrivée de troupes tenues jusque-là relativement à l'abri dans la main de leurs chefs, et non encore exténuées par l'épuisement nerveux si caractéristique du combat actuel.

Notons enfin une autre mission des troupes disponibles suivant à courte distance. Au cours d'une attaque longue et laborieuse, telle que nous pouvons la concevoir, il sera nécessaire à chaque pas en avant de consolider les progrès accomplis, en occupant sans retard les points d'appui conquis.

Cette tâche revient aux troupes fatiguées et en désordre qui viennent de fournir un effort violent. Mais il faut alors que d'autres troupes soient prêtes à les dépasser le plus rapidement possible pour prendre la suite du combat.

Maintenir au feu sa puissance tout en gagnant du terrain en avant constitue en somme le problème capital du combat offensif. Ce problème ne peut être résolu que grâce à l'union des armes et à un effort d'énergie croissante produit par le renforcement, au cours de la lutte, des forces de l'attaque.

Reste à examiner sous quelle forme se présentera dans son ensemble cette action par le feu.

On a voulu chercher dans les rares manifestations de l'offensive des Boers — manifestations remarquables d'ailleurs — la révélation d'un combat nouveau et le type vers lequel nos efforts doivent tendre. Ce combat est caractérisé du côté de l'attaque par une supériorité permanente, obtenue grâce à un feu continu et sans intermittences, permettant aux assaillants de gagner du terrain pas à pas, individuellement et, en quelque sorte, par capillarité, chacun alternant pour son compte quelques coups de fusil avec un bond de quelques mètres, d'un abri à un autre.

C'est là évidemment un procédé de combat très intéressant. Rarement employé avant la guerre sud-africaine (bien qu'on en puisse trouver quelques exemples), il représente la manière habituelle des Boers dans l'offensive et leur a souvent réussi.

L'expérience prouve par conséquent qu'il est pratique dans certains cas pour des hommes ayant un tempérament analogue à celui des Burghers.

Sera-t-il normalement possible et avantageux pour nous dans une grande guerre ? Toute la question est là.

Le fait qu'il ne s'est pas généralisé en Extrême-Orient et n'a pas été — autant qu'on peut en juger — employé par les Japonais dans des circonstances analogues à celles de nos luttes probables nous dispense d'une discussion détaillée.

Remarquons seulement que ce procédé individualiste conviendrait mal à nos jeunes soldats. Ils auront un impérieux besoin de se grouper, d'être encouragés de sentir qu'ils ne combattent pas seuls.

En outre, nos lignes seront beaucoup plus denses ; les combattants et même les groupes trop faibles ne pourront pas s'en détacher pour se porter en avant pendant que leurs voisins immédiats tireront.

Quelle sera donc la physionomie de notre combat ?

Il nous faut écarter le bond individuel comme mode habituel de progression. Sur nos lignes de combat, le « groupe » remplacera l'homme et c'est au chef de groupe qu'appartiendront l'initiative et la direction du mouvement.

Formés au début d'unités régulières (sections ou demi-sections), les groupes de combat perdront parfois au cours du combat toute régularité. Leur force sera variable et leur valeur dépendra en grande partie de l'homme, gradé ou non, qui momentanément se fera suivre et obéir.

La ligne étant ainsi formée de groupes, ces groupes vont-ils agir chacun pour son compte sans autre lien que l'objectif commun donnant à l'ensemble du mouvement et du feu une apparence continue ? Ce procédé — continuation de la méthode habituelle des approches — a sa valeur quand les groupes sont largement espacés de telle sorte que ceux qui marchent ne viennent pas à chaque instant masquer le tir de leurs voisins. Cette partie du combat échappe d'ailleurs à toute règle et à toute direction. Avanceront ceux qui pourront, soit qu'ils aient le moral plus ferme, soit que le terrain les favorise.

Mais très souvent les groupes de combat seront trop serrés pour que chacun d'eux puisse « décoller » sans gêner le tir des autres, et les fractions de ligne ayant cessé le feu pour avancer, de même que les éléments arrêtés pour tirer, devront avoir alors une assez grande largeur. La fragmentation du front en tronçons pouvant se mouvoir avec une relative indépendance et sans obliger les éléments voisins à se taire sera d'ailleurs presque toujours déterminée par la compartimentation du terrain ou par quelque lacune accidentelle dans la ligne.

De ce que, pour rendre possible le mouvement en avant, le feu devra s'éteindre sur une fraction notable du front, il ne faut pas conclure que cette fraction se portera en avant d'un seul élan. Très souvent au contraire elle passera d'une position à une autre par petits paquets utilisant au mieux le terrain, plusieurs se suivant parfois dans le même cheminement et chacun d'eux n'ayant pas d'autre préoccupation que d'aller reformer la ligne en avant. Pendant ce mouvement, assez long parfois, il semblera qu'en ce point on attaque sans tirer et c'est précisément l'impression rapportée par certains témoins de quelques attaques japonaises.

C'est dans ces crises que l'artillerie à tir rapide pourra aider son infanterie et suppléer par l'accélération de son tir le feu d'infanterie momentanément éteint ou atténué.

Après cet effort soutenu jusqu'à épuisement de force vive, notre attaque viendra s'accrocher à quelque accident du sol. Son impuissance à pousser plus loin produira une accalmie momentanée pendant laquelle l'artillerie se taira et l'infanterie relativement abritée ménagera son feu dans la mesure du possible.

C'est alors que le chef, vers les points où il entend pousser son avantage, acheminera de nouvelles troupes suivant les mêmes voies défilées que les premières. Leur arrivée à portée de la ligne de combat sera habituellement pour l'artillerie le signal d'une reprise du tir par rafales. La chaîne ainsi prévenue avivera son feu et les renforts en profiteront pour se porter en ligne, afin d'y déterminer une reprise de la progression en avant.

Même en l'absence de réserves disponibles, après une période d'accalmie et d'arrêt forcé pendant laquelle les troupes auront pu souffler et se reprendre, le conducteur d'une attaque tentera souvent de fournir un nouvel effort. L'action d'officiers vigoureux, ayant la confiance du soldat, devra en partie suppléer, sur la chaîne, les renforts absents.

Mais comment donner l'élan ?

L'action personnelle du chef sur la ligne de combat serait nécessairement limitée à quelques hommes, les ordres qu'il enverra ne parviendront que d'une façon incertaine. Il y a là une difficulté sérieuse.

C'est peut-être l'artillerie à tir rapide qui permettra souvent de la résoudre. En lui faisant, après une période de silence, reprendre un feu vigoureux, on donnera aux combattants, en même temps que le signal de fournir un nouvel effort, l'aide matérielle et le réconfort moral dont ils auront besoin.

Ce procédé méthodique de progression que nous venons d'étudier, avec son action lente et la stricte économie de ses moyens est-il le combat tout entier et suffira-t-il toujours pour provoquer une décision ?

Il suffira quelquefois. Mais en face d'un ennemi bien pourvu de courage et de moyens, il faut autre chose.

Après de longues heures, ce combat « d'usure » amènera les adversaires front à front à distance plus ou moins grande suivant le terrain et les circonstances, mais telle que désormais — si une manœuvre ne décide pas la retraite prématurée du défenseur — tout effort partiel pour gagner lentement du terrain par petites fractions deviendra assez dangereux pour être pratiquement impossible. Le feu et l'usure mutuelle continueront alors parfois très longtemps sans résultat sérieux, parce que l'attaque n'avancera plus et que le mouvement en avant est seul décisif.

Pour passer outre, il faut donc avancer ; on ne pourra le faire que brutalement, sans souci des pertes, sans économie. C'est l'attaque de vive force. La guerre russo-japonaise, en montrant que l'attaque de front, de vive force, est nécessaire et possible, nous dispense de toute discussion. Mais on peut se demander pourquoi — appuyés sur l'expérience — nous avons déclaré inadmissible au cours du combat ce que nous affirmons possible et nécessaire au moment où le danger est le plus grand.

Ces mouvements en avant rapides d'un grand nombre d'hommes à la fois, sans souci des pertes, sont nécessaires à ce moment parce qu'il n'existe pas d'autre moyen d'avancer et qu'il faut avancer. Ils ne sont possibles d'ailleurs que si l'effort à fournir, pouvant devenir rapidement décisif, est de courte durée. Cela exige :

Que l'ennemi déjà ébranlé ne présente plus qu'une faible résistance à la démoralisation ;

Que l'attaque dispose d'une supériorité morale et matérielle très marquée ;

Enfin, que la distance soit relativement courte. Le principe d'ailleurs ne change pas et c'est toujours le feu qui assure le mouvement.

Dans ces circonstances spéciales, on peut prévoir — suivant immédiatement une préparation par le feu aussi violente que possible et pendant que le feu, au moins celui de l'artillerie, continue dans la mesure du possible — des bonds de toute une ligne dense ou de larges échelons.

Cette ligne sera formée de groupes ou d'essaims entraînés

librement chacun par son chef et alternant des bonds à la course avec de courts arrêts pour reprendre souffle, jusqu'au moment où, quelque accident du sol se présentant, ce qui restera viendra s'y accrocher. Une seconde ligne, suivant à courte distance et formée comme la première de petits paquets utilisant le terrain, viendra la rejoindre, la renforcer et entraîner ses débris en avant... et ainsi de suite dans la limite des moyens dont on dispose.

On ne peut guère dans cette crise compter sur le feu des groupes d'attaque ; alors même qu'ils pourraient tirer pendant les arrêts, leur tir aurait peu de valeur. Moins ils tireront, plus le mouvement sera rapide et c'est le principal élément de succès, car un pareil effort ne peut pas se prolonger.

Toute attaque d'infanterie menée à fond a pour terme nécessaire cet effort total caractérisé par la concentration, sur un objectif choisi, de tous les moyens disponibles et leur emploi violent, sans économie ni arrière-pensée. Cette poussée brutale, d'intensité croissante, aboutit à l'assaut qui amène rapidement une rupture d'équilibre dans un sens ou dans l'autre, une décision. Chacun des nombreux combats partiels dont se compose une bataille comporte donc une crise finale qu'on pourrait dire décisive.

Habituellement, quand on traite de « l'attaque décisive », on entend l'attaque voulue et préparée par le chef avec l'intention de décider du résultat de la bataille.

La discussion de cette question relève de la tactique générale du champ de bataille et sort de notre cadre. Constatons seulement qu'il ne peut venir à l'esprit d'aucun homme raisonnable d'en faire un combat spécial à forme particulière.

L'attaque décisive est caractérisée seulement par la concentration voulue des moyens dont on dispose en face d'un objectif choisi, occupé par un ennemi déjà usé, avec l'intention d'obtenir à tout prix une décision qu'on espère définitive.

La « masse » de l'attaque décisive n'est donc en somme qu'un réservoir de forces établi à courte distance de l'ennemi et quand on parle de « choc », il s'agit d'un choc moral.

II — Extrême difficulté de diriger le combat et de donner des règles

Une des impressions enregistrées le plus régulièrement par les témoins des combats récents est l'impossibilité à peu près complète de conduire le combat sur la ligne de feu. Les officiers subalternes obligés de se terrer comme leurs hommes ne peuvent exercer leur action que dans un rayon peu étendu.

On observe d'ailleurs que les préliminaires, les approches sont décrits d'une façon claire et précise dans leurs récits, mais qu'à partir du moment où l'on se bat vraiment à distance efficace, les détails deviennent moins précis et les indications plus vagues. L'impression qui s'en dégage est que chacun fait comme il peut ; plus d'ordre, plus de régularité, plus de méthode. La valeur du combattant devient le principal facteur du succès.

Cette impression n'est pas nouvelle et il en a toujours été de la sorte. Dans sa crise aiguë le combat échappe à toute règle, à toute direction pour obéir seulement à quelques lois générales.

Dans l'âme du combattant grisé par l'entraînement de l'exemple, étourdi par le tumulte, énervé par le danger, épuisé par la fatigue, le moral exalté parfois jusqu'à l'héroïsme ou déprimé jusqu'à l'abrutissement, ne surnage plus guère qu'un sentiment assez puissant pour se traduire en actes : l'instinct de la conservation. Suivant les circonstances, l'instinct de la conservation se manifeste dans cette crise tantôt par la colère et le désir irraisonné de joindre l'ennemi pour le détruire, tantôt par la peur.

Chacun exécute alors presque machinalement et d'autant plus adroitement que le dressage l'a plus profondément marqué, les mouvements commandés par celui des deux sentiments qui domine : tirer, courir, se cacher... Tant que la résultante est positive — c'est-à-dire tant que la force poussant le combattant vers l'ennemi demeure la plus forte — on avance.

Nous savions tout cela. Est-ce à dire que sous ce rapport les dernières guerres ne nous ont rien appris ?

Elles nous apportent au contraire une contribution importante. La portée efficace du fusil est pratiquement fort accrue et il en résulte que la phase critique du combat pendant laquelle chaque combattant devra puiser en soi-même la force vive nécessaire pour avancer, dure plus longtemps.

C'est un point qui n'est pas négligeable. Autrefois, jusqu'à 200 pas de l'ennemi les soldats à rangs serrés, coude à coude, marchaient à l'état de troupe cohérente et obéissaient aux commandements de leurs officiers qui ne les démuselaient qu'au dernier moment. La crise violente de l'effort individuel ne durait que quelques minutes.

En 1870, cette dissolution du commandement direct pouvait être retardée le plus souvent jusqu'à 400-500 mètres de l'ennemi.

Il faudra maintenant abandonner parfois à 800-900 mètres de l'ennemi la conduite du combat, au hasard des circonstances et à la valeur de l'homme.

Pendant cette longue période le rayon d'action directe des officiers sur la ligne de feu devenant très étroit ils n'agiront plus guère que comme entraîneurs, comme donneurs d'exemple. Ce sont donc plutôt leur vigueur morale et leur caractère que leur supériorité intellectuelle qui permettront aux officiers subalternes de grouper leurs hommes autour d'eux, de les dominer et de les soutenir dans cette épreuve.

Deux conclusions se présentent.

1° Quand on parle de « direction du combat » :

Pour le commandement, il ne s'agit pas de conduire les hommes qui combattent à distance efficace de tir, mais seulement de les engager méthodiquement dans une bonne direction, au fur et à mesure du besoin, en tenant compte de leur capacité offensive et du résultat à obtenir.

Pour l'officier subalterne, il s'agit surtout de donner l'exemple, d'inspirer confiance et de suggérer opportunément aux soldats l'exécution de certaines pratiques que le dressage leur aura rendu familières.

Il n'y a point d'autre « direction » du combat.

2° Il est impossible et d'ailleurs inutile de chercher à réglementer d'une façon formelle les procédés de combat ou de marche sous le feu. La plus grande initiative doit être laissée aux exécutants. Chaque cas exige une solution particulière et tel moyen, impossible dans certaines circonstances de terrain ou de « moral », deviendra excellent dans un autre cas.

Faudra-t-il donc « improviser » sur le champ de bataille ?

Jamais, au contraire, l'instruction méthodique des cadres et le dressage des troupes en vue du combat n'ont été plus nécessaires.

Dans son ensemble, nous l'avons vu, le combat est régi par quelques principes très simples mais très généraux, les uns d'ordre psychique, les autres purement empiriques.

Cette trame à larges mailles constitue notre seul guide dans le travail de préparation au combat ; il est donc indispensable d'en soigneusement examiner les fils et d'en éprouver la solidité.

Ce travail achevé, notre tâche est-elle remplie et sera-t-il suffisant d'exposer ces quelques principes directeurs, de les confier aux méditations de tous, et de s'en remettre à chacun pour l'application ?

Certainement non. — Dans l'étude théorique du combat, la prudence obligée des conclusions et leur imprécision mène trop facilement à une sorte de scepticisme favorisant la paresse ; l'abus des enseignements négatifs — les seuls en somme qu'on puisse donner avec certitude — anémie l'esprit de décision.

En outre, un principe est un guide pour l'intelligence mais n'est pas un moteur pour la volonté ; il doit, pour devenir source directe d'acte, être traduit en règles.

L'exécutant, soldat ou gradé, alors même qu'il posséderait l'expérience et l'ouverture d'esprit nécessaires pour faire correctement cette traduction et appliquer les principes à chaque cas particulier, n'aura ni le temps ni le sang-froid d'improviser cette solution. Il serait impossible d'obtenir par ce moyen la réaction immédiate et quasi réflexe qui doit discipliner ses actes et coordonner ses mouvements à défaut de décision réfléchie.

Cette habitude de répondre à la suggestion d'une idée ou à une impression par une décision immédiate de la volonté ou par un acte impulsif du corps constitue proprement le dressage.

Le dressage ne peut être produit que par une répétition des mêmes actes assez fréquente pour que l'association entre le commandement ou la suggestion et le mouvement ou la décision qui doit en être la conséquence, se fasse dans l'inconscient sans l'intervention de la réflexion.

Il ne suffit donc pas d'énoncer les quelques principes abstraits, trop souvent négatifs, qui constituent le résidu solide d'une analyse théorique du combat. Pour préparer des hommes au combat, il est indispensable de leur enseigner une doctrine positive et des règles pratiques dont l'application répétée conduise au dressage.

Mais comment établir ces règles alors que — nous l'avons constaté — le combat échappe à toute réglementation ?

La difficulté est sérieuse.

Nous avons vécu longtemps avec une réglementation exagérée, trop compliquée pour être pratique et destructive chez le gradé de toute initiative. Pour réagir contre cet excès, quelques-uns prétendent aujourd'hui s'en tenir à de vagues conseils et croient trouver un remède à une réglementation trop précise dans la suppression de toute règle. Leur erreur n'est pas moins dangereuse.

Il serait absurde de dire à un homme qui apprend l'escrime : « Quand vous ferez assaut vous commencerez par tel coup, vous continuerez par tel autre, suivi de telle parade... et avec cela vous êtes sûr du succès. » Mais il ne le serait pas moins de lui dire, sous prétexte de ménager son initiative : « Quand on fait assaut tout dépend des circonstances et de l'adversaire. Voici les quelques principes sur lesquels repose la science de l'escrime ; le reste vous regarde. »

Un maître raisonnable parlera comme il suit à son élève :

« Nous allons d'abord assouplir vos membres et vous rendre familier le maniement de votre outil par des exercices simples et répétés.

« On vous enseignera ensuite un certain nombre de coups : attaques, ripostes, parades. Il peut y en avoir d'autres et rien ne vous empêche d'en chercher, mais ceux-ci sont bons, ils sont le fruit d'une longue expérience. Quand vous les aurez complètement dans la main, vous en userez comme vous voudrez. C'est affaire de tempérament et de circonstances.

« Pour éclairer votre jugement et vous donner des idées, regardez faire les maîtres, étudiez les méthodes étrangères, occupez-vous de la technique de votre art et des principes qui le dominent. »

Imitons ce judicieux professeur.

Les trois stades de son enseignement représentent pour nous :

Le dressage individuel ;

Le dressage collectif de la troupe et des cadres ;

L'instruction des officiers.

Rien à dire ici sur le dressage de l'homme, dont personne ne conteste la nécessité, ni sur l'instruction des officiers qui jamais ne sera trop complète, trop large et trop raisonnée, à condition d'y faire prévaloir de parti pris l'enseignement positif sur les principes négatifs.

Reste le dressage collectif. La matière, les limites et la forme de ce dressage sont délicates à préciser. C'est la tâche des rédacteurs de règlement. Nous voulons seulement affirmer ici que ce dressage doit exister et s'appuyer sur des règles.

Déploiements, procédés de cheminement, emploi des feux, mesures de sûreté, etc..., peuvent et doivent théoriquement varier à l'infini pour correspondre exactement aux circonstances du moment.

Pratiquement il faudra choisir, après étude consciencieuse, un certain nombre de procédés appuyés sur l'expérience et conformes aux aptitudes de nos troupes ; ces procédés choisis seront transformés en règles qui par le dressage deviendront des habitudes. Nos cadres et nos hommes auront ainsi à leur disposition un certain nombre de « coups », de procédés d'attaque et de défense. La réglementation n'atteindra pas, bien entendu, l'emploi de ces procédés et l'officier, le gradé, quel que soit son échelon, quand il n'aura ni le temps ni le sang-froid de travailler sur mesure, choisira celui qui lui paraît convenir sans avoir à se préoccuper de l'exécution.

Si son moyen n'est pas le meilleur et ne vaut pas en théorie tel autre qu'on aurait pu imaginer de toutes pièces, dans la pratique il sera plus efficace parce qu'il sera mieux exécuté et qu'on aura confiance dans sa valeur.

En cette matière, tout est affaire de mesure et un partisan de la « formation normale de combat », s'il en existe encore, trouverait son compte dans ce qui précède.

Laissons à leurs études les éditeurs de formations normales et constatons que le départ entre ce qui doit être matière de dressage et ce qui au contraire ne doit figurer que sous forme d'instruction ou conseil, est difficile mais possible :

Le dressage doit exister — c'est hors de doute ; quelles sont les limites de son domaine ? — Il ne peut atteindre que les mouvements dont l'exécution ne comporte aucun raisonnement.

Pour les unités à commandement échelonné (compagnie, bataillon), nos règlements ont sagement réduit le dressage à quelques formations élémentaires de telle sorte que le chef puisse disposer sa troupe par un seul commandement ou avertissement sans longues explications. — Il n'en faut pas plus.

Le dressage au contraire du groupe homogène obéissant sans intermédiaire au même chef (que nous appelons encore École de section, bien que la section de 50 hommes soit trop forte de moitié pour être maniable au combat) est le morceau principal de l'instruction militaire de nos soldats de passage.

Le groupe de 20 à 25 hommes doit devenir l'unité habituelle de marche, d'exercice, de combat. Par un dressage très poussé mais ne portant que sur des choses très simples, on arrivera à donner à ce groupe une cohésion, une souplesse, une personnalité qui en feront la base de notre tactique d'infanterie.

Le groupe sera le combattant de l'avenir à condition que les évolutions rudimentaires qui lui sont nécessaires pour marcher, se cacher, combattre deviennent aussi familières à chaque homme que ses mouvements individuels.

Grâce au très petit nombre et à la fréquente répétition de ces mouvements il suffira de la moindre suggestion pour les provoquer, quels que soient les hommes composant momentanément le groupe.

III — Adhérence au sol. Attraction du groupe et de l'abri

L'adhérence au sol, la difficulté de faire mouvoir l'homme en face du fusil est un phénomène qui ne peut être ignoré de quiconque a conduit des soldats au feu, ce feu fût-il peu nourri et mal ajusté, comme dans la plupart de nos combats coloniaux.

Il en est de même pour l'attraction qu'exerce l'abri quelque insuffisant et en quelque sorte « théorique » qu'on le suppose. Un petit fossé, une haie, un simple sillon attire le combattant ; il y tient mieux qu'en plein champ et le quitte avec peine.

L'attraction du groupe est également facile à observer. Livrés à eux-mêmes, les hommes se rejoignent, se pelotonnent, cherchent le contact des camarades et redoutent pardessus tout l'isolement.

Notons que cette dernière observation s'applique à des soldats. Le besoin de se sentir les coudes, de combattre ensemble est, en grande partie, le résultat de leur dressage collectif, des habitudes militaires qu'on leur a fait prendre.

En signalant certaines actions offensives, conduites par les Boers, dans lesquelles chaque homme combattait pour son compte sans s'occuper des voisins, nous avons observé que ce combat complètement individualisé ne peut convenir qu'à des hommes doués de qualités guerrières de premier ordre et à peu près dépourvus de dressage militaire.

Entrer dans cette voie et desserrer les liens de la cohésion et du dressage en commun, dans le but de respecter l'individualité de nos hommes, serait une dangereuse erreur. Malgré leurs remarquables qualités personnelles, le manque de cohésion et d'esprit militaire est une des causes principales de l'insuccès définitif des Burghers. — Il ne faut pas l'oublier.

L'incoercible tendance à coller au sol rendra plus difficile encore et plus rebutante pour les troupes, la progression en avant sous le feu du fusil actuel.

A mesure qu'on s'approchera de l'ennemi et que son tir deviendra plus redoutable en même temps que la capacité offensive de l'assaillant s'atténuera par suite de son épuisement physique et moral, il deviendra plus pénible de faire lever les hommes et de les faire quitter l'abri auquel ils sont accrochés. On aura donc un incontestable intérêt à le tenter le moins souvent possible et à faire des bonds aussi étendus que les circonstances le permettront.

D'autres raisons il est vrai semblent dans certains cas conseiller des bonds très courts. On nous apprend qu'il faut dix secondes environ pour faire arriver une rafale à destination, quand le réglage est fait. Par conséquent, en face d'une artillerie prête à tirer, chaque bond ne devrait pas dépasser 30 mètres. Il ne faut rien exagérer. Dans la pratique c'est le terrain qui habituellement impose le trajet à faire et la fatigue des hommes en limitera assez la longueur pour qu'il soit inutile de chercher d'autre modérateur.

A l'instruction nous ferons donc des bonds assez courts, puisqu'ils seront le plus souvent courts dans la réalité. Mais nous saurons qu'il vaudrait mieux qu'ils fussent longs.

Les procédés à employer pour faire passer les hommes d'un abri à un autre abri dépendent des circonstances, du terrain, de l'état physique et moral des troupes en présence. Il serait donc déraisonnable de limiter par des règles fixes l'initiative des combattants ; mais il ne le serait pas moins, nous l'avons montré, de s'en remettre complètement à l'inspiration du moment.

C'est donc un devoir pour nous de choisir d'avance quelques procédés pratiques et, par le dressage, de les transformer en habitudes.

Les procédés employés pour gagner du terrain en avant doivent être appropriés au tempérament du soldat et varier avec son état moral ; certaines formations acceptables au début d'une action avec des troupes dont le moral est intact peuvent ne plus être possibles au fort du combat.

L'attraction du groupe est particulièrement puissante sur nos hommes. Le soldat français a de l'initiative, il est intelligent, indépendant de caractère mais très sociable, impressionnable à l'excès et extrêmement accessible aux suggestions de l'exemple. Il est donc en somme bien outillé pour le combat moderne à condition qu'on tienne compte de ses besoins.

Le commandement du chef, l'action immédiate de la discipline a peu de prise sur lui (beaucoup moins que sur le soldat allemand ou russe par exemple) ; il peut donc s'en passer sans grand dommage. Mais il a un besoin absolu de ne pas se sentir seul, de combattre « en société », et l'amour-propre est pour lui le moteur par excellence.

Il s'ensuit que l'officier français au combat doit être un donneur d'exemple plutôt qu'un donneur d'ordres et que nos hommes supporteront bien les cheminements en formation peu dense à condition qu'on les fasse toujours mouvoir par petits groupes (4 ou 5 hommes) au lieu de les envoyer isolément et qu'on profite de tous les abris pour les rassembler ne fût-ce que quelques minutes — le temps d'échanger une plaisanterie pour montrer aux autres qu'on n'a pas peur.

De ces observations découlent d'importantes conséquences indiquées déjà à propos des marches d'approche ; il n'est pas inutile de les rappeler :

Le filtrage homme par homme ou les formations très ajourées dans lesquelles le soldat marche isolément ne semblent possibles pour nous que pendant les approches ; il faudra vraisemblablement y renoncer dès que le feu se fera sentir. Les mouvements par petits paquets successifs, disloquant le groupe pour le reformer plus en avant, deviendront eux-mêmes difficiles sous un feu violent et, aux derniers actes de l'attaque, toute préoccupation de prudence dans la forme du bond disparaît nécessairement. Le « suivez-moi », l'enlèvement du groupe entier dans un seul élan sera alors le meilleur et probablement le seul procédé possible pour avancer.

Quelle que soit la valeur des hommes engagés, bien peu d'entre eux seraient capables d'affronter isolément une semblable épreuve : c'est dans l'action collective seulement qu'ils en trouveront la force. L'explication d'un assaut aussi bien que le secret des paniques relève de la psychologie des foules.

Il est inutile d'ailleurs d'épiloguer sur des « formations d'assaut » et de raffiner sur la technique de l'attaque proprement dite. Tous nos efforts doivent se concentrer sur les méthodes propres à conduire, d'abord par des cheminements habiles puis par une progression méthodique combinée avec le feu, jusqu'à courte distance de l'ennemi, des troupes encore capables de combattre. — Ce n'est plus alors qu'une affaire de moral où le détail des formations n'importe pas beaucoup plus que la science de l'escrime à la baïonnette. La volonté manifeste d'attaquer à fond, la conviction du geste décident du résultat. Mais encore faut-il que l'ennemi en subisse l'impression et qu'on se montre, puisque en fin de compte il s'agit de lui faire peur.

Dans nos exercices, la figuration des attaques finales et des assauts semble presque toujours invraisemblable et quelque peu ridicule.

Peut-être l'exacte reproduction de certains assauts réels et ayant réussi, nous donnerait-elle, de sang-froid, une impression plus frappante encore d'invraisemblance et d'absurdité puisque les seuls facteurs qui aient de l'importance sont précisément ceux dont il nous est impossible de tenir compte.

Aussi, tout en cherchant à éviter de trop frappantes invraisemblances et sans se faire trop d'illusions sur la valeur technique des formations, est-il bon de figurer souvent, dans nos manœuvres, des assauts.

L'homme doit conserver cette impression que toute attaque tend vers l'assaut et que l'assaut est possible.

IV — *Effet démoralisant du combat moderne. Usure rapide des troupes. Importance croissante des facteurs moraux*

L'épuisement nerveux des combattants et l'effet démoralisant du combat nouveau sont affirmés par tous les témoins des dernières guerres.

Leur dire est corroboré par les faits. Il suffit de citer l'absence habituelle de poursuite — due à l'impossibilité de demander un nouvel effort aux troupes — aussi bien que les fréquents exemples de démoralisation totale et pour ainsi dire foudroyante constatés dans les unités surprises par le feu.

La rapidité et l'énormité des pertes ne peuvent justifier cet extraordinaire épuisement nerveux. Ces pertes sont le plus souvent restées inférieures à la moyenne constatée dans les grandes batailles précédentes.

L'invisibilité habituelle de l'ennemi et le sentiment de l'inutilité d'un tir dirigé au hasard peuvent être une première et très notable cause d'énervement.

Il suffit d'avoir assisté à une escarmouche sous bois ou d'avoir été surpris par la plus petite embuscade en pays couvert, coupé et difficile pour avoir vivement ressenti cet énervement et souffert l'angoisse produite par le sentiment de son impuissance à joindre l'ennemi, à lui rendre coup pour coup.

A cette première cause s'ajoute dans le combat moderne la durée et la continuité du danger.

L'histoire de nos grandes batailles nous montre les mêmes hommes combattant le jour entier et, le soir venu, malgré des pertes énormes, trouvant encore en eux assez d'énergie et de force pour mener de vigoureuses attaques ou d'âpres poursuites. L'effort demandé par la crise aiguë du combat pendant laquelle le soldat doit dépenser sans compter ses forces physiques et morales, n'était pas moindre cependant que dans nos combats actuels. — Mais il était intermittent.

Au commencement du dix-neuvième siècle 200 ou 300 mètres de terrain cédé suffisaient à une troupe pour se trouver relativement à l'abri, se reprendre et retomber dans la main de ses chefs. Rarement cette troupe séjournait longtemps de suite dans la zone de mort. Une bataille représentait alors une succession d'efforts très violents mais courts et séparés par de relatifs repos. Ces efforts pouvaient donc se renouveler plusieurs fois avant que la fatigue et la dépression morale eussent raison de l'énergie des combattants.

Il n'en est plus de même. — Les troupes engagées à distance efficace de tir doivent désormais pour chaque bond en avant, pour chaque pouce de terrain gagné et pendant plusieurs heures quelquefois, donner cet effort total qui consiste à sacrifier sa vie. Bientôt les arrêts eux-mêmes ne constituent pas un repos et ne produisent aucune détente nerveuse.

Les hommes pelotonnés dans des positions incommodes derrière des obstacles insuffisants doivent sans trêve écouter chanter à leurs oreilles la rafale mortelle avec cette sensation démoralisante que le moindre mouvement constitue un danger de mort. — L'organisme humain n'est pas trempé pour supporter le danger avec cette intensité et surtout avec cette continuité.

Le feu du défenseur ne détruit pas l'assaillant mais il le démoralise d'une façon assez profonde pour supprimer chez lui toute capacité d'effort.

Cette impression, remarquons-le, est due plus spécialement au tir du fusil. Les tempêtes brusques et courtes de l'artillerie seront plus capables peut-être de produire une démoralisation immédiate mais momentanée. Le fusil seul amène ce résultat physiologique spécial et durable d'épuisement nerveux, d'abrutissement dû à la continuité.

Sous le feu de l'artillerie une troupe pourra être dispersée et très rapidement neutralisée ; mais, rassemblée à l'abri, elle se reprendra souvent assez vite. Seules les troupes ayant subi le feu du fusil seront « usées » quelquefois pour plusieurs jours.

Nous avons dit et essayé de démontrer que si cette difficulté est grave, elle n'est pas insoluble. Il n'existe, à la vérité, qu'un moyen de la résoudre, c'est de prendre les devants : démoraliser l'ennemi et briser son moral pour l'empêcher d'utiliser judicieusement son tir.

Quoi qu'il en soit, deux enseignements ressortent de cette quatrième constatation :

Usure plus rapide et plus complète que par le passé de l'infanterie au combat ;

Importance de plus en plus grande des facteurs moraux.

Ce fait que l'infanterie s'use plus vite et plus complètement au combat ne fait que corroborer certains principes plus d'une fois enregistrés déjà :

Le combat de l'infanterie exige une stricte économie, un emploi méthodique des forces. Une troupe envoyée au feu est « dépensée », il ne faut plus compter sur elle pour la journée au moins. Elle donnera dans la direction choisie l'effort dont elle est capable, rien de plus. Si, cet effort fourni, le résultat n'est pas atteint, il faudra en dépenser une autre.

Malgré quelques exemples soigneusement exploités et dont on veut tirer des conséquences qui n'y sont point contenues, nous affirmerons donc qu'il ne peut y avoir d'attaque vigoureuse sans alimentation venant de l'arrière. Il en résulte qu'un dispositif d'attaque en vue de permettre cette alimentation devra être profond.

Mais il ne s'agit pas seulement d'amener, au cours du combat, un certain nombre d'hommes sur la ligne du feu ; il faut les y faire arriver en état de combattre et moins atteints moralement que les hommes qu'ils doivent soutenir.

Avec la portée et les effets démoralisants des armes d'aujourd'hui, la conduite des soutiens de première ligne devient extrêmement difficile. Si, malgré une utilisation soigneuse du terrain, il devient impossible de les abriter, s'ils souffrent assez sérieusement du feu pour que leur moral s'altère sensiblement, les soutiens s'usent sans profit et ne remplissent plus leur but. On doit les faire combattre.

Il y aura donc des soutiens derrière les parties de la ligne où le terrain permettra de les cacher; ailleurs, non. C'est le terrain qui déterminera ainsi les points où l'attaque pourra progresser parce qu'elle y sera soutenue et alimentée. Nous le savions déjà.

Quant aux troupes réservées, le choix de leurs emplacements d'attente, la détermination des points où elles peuvent intervenir, le moment de cette intervention et surtout le dosage des forces à dépenser en vue du but à atteindre, forment sans conteste la tâche principale du commandement au combat. Cette tâche est rendue plus compliquée par les exigences du terrain qui prend dans nos engagements actuels une importance qu'on ne doit pas essayer d'atténuer. Et il y a vraiment un « fait nouveau » dans cette subordination de plus en plus étroite du développement tactique d'un combat aux formes et aux couverts du sol.

C'est bien encore la dernière réserve qui aura raison et c'est l'affirmation d'une supériorité incontestable sur un point au moins du champ de bataille qui provoquera la rupture d'équilibre moral nécessaire pour faire un vainqueur et un vaincu. L'économie des forces, c'est-à-dire leur emploi exactement proportionné au but, reste donc l'art suprême du chef. Mais sa tâche se complique car son indépendance diminue et dans toutes ses conceptions désormais intervient un collaborateur indispensable : le terrain.

Les réserves doivent être tenues à l'abri et en dehors du combat, puis amenées à pied d'œuvre possédant encore toute leur valeur offensive. Une exploitation habile et prudente des accidents du sol permettra seule d'obtenir ce résultat en face du canon et du fusil modernes. Et ce sera le rôle spécial des officiers supérieurs — puisque désormais leur action directe sur la ligne de combat est réduite à fort peu de chose — d'y amener au moins leurs troupes et de les y engager dans de bonnes conditions (assurer leur sécurité en station, les tenir à l'abri du feu, étudier et préparer les cheminements vers l'ennemi, et conduire les marches d'approche).

Un officier qui laisse, par son incapacité ou son imprévoyance, une troupe dont il a la charge et sur laquelle compte le chef, perdre sa force avec son moral, est coupable d'une faute toujours grave et souvent irréparable.

Reste la question des facteurs moraux. Aujourd'hui, plus que jamais, elle domine toutes les autres.

Les engins de destruction perfectionnés sont à craindre et il faut en tenir compte non pas parce qu'ils tuent plus — c'est le contraire qui est vrai — mais parce qu'ils impressionnent davantage. Il faudra, pour s'en servir, plus de courage et de fermeté que jamais, et plus que jamais victoire ou défaite se résumeront en une différence de moral.

Malheureusement, au moment où la guerre exige de chaque homme un moral plus élevé et un cœur plus ferme, la qualité du soldat dans nos armées européennes tend plutôt à diminuer.

Il ne suffit donc pas d'affirmer une foi théorique dans la supériorité des forces morales ; le devoir de tout officier est de rechercher et d'appliquer les conséquences pratiques de sa conviction. Nous laissons de côté ici l'étude des moyens à employer, en présence de l'inquiétante évolution des caractères, pour créer et développer les forces morales en temps de paix ; une semblable enquête sort nécessairement des limites de ce travail.

Mais l'importance prépondérante, au cours du combat, des variations dans le moral des hommes, entraîne des conséquences en quelque sorte techniques qu'il importe de retenir. C'est en faisant intervenir dans l'examen de chaque problème militaire les conditions morales et physiques de l'homme au combat que nous aurons chance de ne pas construire sur le sable des spéculations théoriques.

V — *Feux* — *Instruction du tir*

L'étude du combat offensif est la seule base raisonnable que nous puissions donner à l'instruction du tir. Jusqu'ici nous avons essayé, en observant l'homme dans ce combat, de déterminer pourquoi il doit tirer et dans quelles conditions physiques et morales il se trouvera pour tirer.

Le moment est venu de se demander comment il doit tirer.

§ I — LE TIR AU COMBAT

Jusqu'à ces derniers temps, la théorie du tir collectif servait de base à notre instruction du tir en vue du combat. Rappelons sommairement en quoi elle consiste.

On a constaté que sur le polygone, le tir d'une troupe moyennement exercée obéit sensiblement, dans son ensemble, à certaines lois mathématiques — lois du tir collectif. Il s'ensuit que dans les conditions indiquées (instruction moyenne), la manière de tirer de chaque homme n'a aucune influence sur le résultat du tir. Ce résultat dépend seulement de la connaissance exacte et de l'exploitation judicieuse des lois du tir collectif : groupement unique réparti suivant les lois de la dispersion avec point moyen à distance de hausse.

C'est naturellement le chef qui sera chargé d'interpréter et d'appliquer ces lois dans chaque cas particulier. Son habileté à « régler », à « pointer » le tir de sa troupe constituera donc le facteur principal d'efficacité du feu.

Admettons, bien entendu, la sincérité des expériences innombrables faites depuis vingt ans et reconnaissons que, au moins en gros, les choses se passent ainsi sur un champ de tir. Quelles conclusions va-t-on en tirer ?

Comme il n'existe, dit-on, aucune raison pour qu'il n'y ait point de relation entre les résultats du polygone et ceux du champ de bataille, on doit admettre qu'au combat plusieurs hommes tirant en même temps feront bon gré mal gré du tir collectif, moins serré peut-être que celui du champ de tir, mais obéissant dans son ensemble aux mêmes lois.

Là encore l'efficacité du feu dépendra donc à peu près exclusivement de la façon plus ou moins exacte dont le tir sera réglé : évaluation de la distance, choix de la bonne hausse, indication précise du point à viser.

Une troupe, en somme, est une machine à tirer composée d'un certain nombre de fusils.

On admet bien qu'au combat chaque fusil aura un petit flottement. L'engin cependant fonctionnera d'après les mêmes lois et le groupement d'un tir collectif sur le champ de bataille sera le même que celui qu'on aurait obtenu avec les mêmes hommes sur le polygone; mais, pour ainsi dire, vu à la loupe et grossi d'autant plus que l'émotion des tireurs augmentera.

Bien que fort ébranlée déjà, cette théorie doit être examinée.

On paraît avoir perdu de vue ce fait qu'une troupe n'est pas une réunion de fusils, mais une réunion d'hommes armés de fusils. Cette distinction n'est pas négligeable.

Toute la théorie du tir collectif repose sur ce postulatum que chaque tireur applique les règles du tir (disposer la hausse indiquée, prendre la ligne de mire, la diriger au moins sommairement sur l'objectif indiqué); les coups provenant des hommes qui omettent l'une ou plusieurs de ces règles sont dits « anormaux » ; on les ignore.

Dans les conditions habituelles de dressage de nos soldats tels qu'on les amène sur les champs de tir, la proportion des hommes appliquant les règles du tir et la façon dont ils appliquent ces règles présentent une certaine régularité. On a constaté que cette régularité permet de prévoir, au moins approximativement, et de représenter par une formule mathématique les résultats du tir d'un certain nombre d'hommes sur le polygone; c'est tout. Les « lois du tir collectif » n'ont donc rien de mystérieux ni de transcendant; elles sont la conséquence et, pourrait-on dire, la simple constatation de la régularité avec laquelle nos soldats appliquent les règles qu'on leur a enseignées. Pour que ces lois se vérifient en toutes circonstances et pour qu'on soit en droit de transposer les résultats du polygone sur le champ de bataille (en agissant simplement sur une des « variables » de la formule, de façon à augmenter les dimensions du groupement sans en modifier la forme, la disposition et l'emplacement), il est donc nécessaire et suffisant que les hommes appliquent les règles de tir sinon avec la même précision, au moins avec la même régularité qu'en temps de paix, puisque cette régularité est la condition même d'application d'une règle mathématique.

En est-il ainsi ? L'organisme de l'homme est profondément atteint au combat. A chaque instant, son état physiologique ou psycho-physique, pour parler le langage du jour, est conditionné par la réaction de causes extérieures et multiples sur ses facultés physiques et psychiques. Les lois qui régissent ces phénomènes ne nous sont connues que d'une façon générale et en quelque sorte lointaine. Un fait cependant est hors de doute : les mêmes causes ne provoquent point chez tous les hommes les mêmes réactions ni même des réactions comparables entre elles.

En présence de circonstances capables de l'impressionner violemment, un homme réagira d'une façon qui lui sera personnelle.

Les soldats au combat seront donc « modifiés » chacun avec une intensité variable et parfois dans un sens différent, et le nombre de ceux qui, n'étant plus en état d'appliquer les règles du tir, produiront des coups anormaux, variera à chaque instant dans une proportion impossible à prévoir. Ce nombre croîtra quelquefois jusqu'à comprendre tous les tireurs.

Il est par conséquent certain que les lois mathématiques du tir collectif, — lois basées uniquement sur la régularité dans l'application de certaines règles apprises, — ne sont pas applicables au combat, puisque la seule affirmation théorique qui nous soit certainement permise est précisément qu'il n'y aura plus aucune régularité.

Passons à l'expérience. L'étude attentive des faits et les témoignages concordants de ceux qui ont vu prouvent que sur le champ de bataille les choses ne se passent pas comme on l'a trop souvent supposé.

Loin de trouver, comme on le devrait, un groupement unique et notable — bien que très éclairci — à distance de hausse, on constate une dispersion non seulement énorme mais absolument irrégulière. Les balles produisent sur le sol l'effet d'un gigantesque coup de balai ou de herse depuis l'emplacement occupé par les tireurs jusqu'aux portées extrêmes de l'arme, avec des parties plus denses, des groupements qui paraissent accidentels et se produisent le plus souvent très au delà de la distance de hausse. — C'est une pluie qui couvre une étendue considérable de terrain et se transforme momentanément en déluge sur certains points.

Mais si, de l'aspect général tout à fait incohérent de la répartition des coups sur le champ de bataille, nous passons à la constatation des effets, nous serons forcés de reconnaître que la volonté de l'homme s'y manifeste incontestablement.

On voit à chaque instant des troupes voulant, à certains moments choisis, écraser l'ennemi de leur feu et y parvenant.

Il nous faudra donc nécessairement conclure que, s'il n'y a pas de lois du tir collectif ou, plus exactement, si ces lois sont spéciales au tir de polygone, il existe certainement des moyens pour tirer efficacement et pour atteindre l'objectif autrement que par hasard.

C'est la recherche de ces moyens qu'il nous faut entreprendre.

Et d'abord dans quelles conditions se forment les « groupements » constatés sur le champ de bataille ?

Si tous les tireurs étaient assez atteints moralement et physiquement pour qu'aucun d'eux n'applique les règles du tir, il ne se produirait aucun groupement voulu ; le tir, éparpillé sur d'immenses espaces, ne formerait (probablement fort loin) que des groupements accidentels, irréguliers, en quelque sorte sporadiques et à peu près indépendants de la volonté des tireurs.

Les choses se passent ainsi pour le tir des troupes surprises ou complètement démoralisées qu'on a appelé « tir de panique ». Sans aller jusqu'à cette extrémité, il arrive souvent que dans l'ensemble une forte proportion des tireurs s'en approche et c'est ce qui donne au feu sur le champ de bataille son aspect général chaotique.

Lorsque au milieu de cette tourmente désordonnée il se forme des groupements, des zones de densité supérieure à distance voulue de telle sorte que le tir devienne efficace et atteigne l'objectif choisi, ces groupements sont produits exclusivement par les combattants capables encore d'appliquer les règles du tir. Le nombre des tireurs contribuant à l'efficacité du feu sera donc d'autant plus grand qu'il y aura dans le rang plus d'hommes braves et bien dressés et que, par ailleurs, l'application des règles du tir exigera de leur part moins d'attention.

Il est indiscutable qu'on aurait avantage, malgré tout, à conduire le feu. Cela ne rendrait pas efficace le tir des producteurs de coups anormaux — très nombreux parfois, convenons-en —, mais au moins ceux qui sont en état d'appliquer les règles tireraient exactement où il faut.

Malheureusement, nos procédés de conduite du feu sont, dans les circonstances normales du combat offensif, le plus souvent inapplicables.

L'officier, le conducteur du feu, en admettant qu'il conserve assez de présence d'esprit pour apprécier sainement les éléments du tir, aura-t-il le temps de faire les minutieuses observations qu'on lui demande, absorbé comme il le sera par son rôle de conducteur d'hommes et d'entraîneur ?

Il n'aura pas trop de toutes ses forces pour résoudre à chaque instant les difficiles problèmes dont la solution immédiate est une question de vie ou de mort : utiliser le terrain en choisissant les cheminements, les abris, les positions de tir ; encourager et pousser ses hommes ; surveiller le combat et déterminer le moment des mouvements en avant ; faire ouvrir et cesser le feu.

Serait-il d'ailleurs habituellement en état de transmettre des indications précises ?

Le plus souvent couché au milieu de ses hommes ou blotti derrière le même abri, dans le tumulte du combat, il devra limiter son intervention à des ordres très simples répétés de proche en proche ; tels que : En avant, commencez le feu, cachez-vous, telle direction.

Alors même que le chef pourrait déterminer et faire entendre les indications nécessaires à la conduite du feu, le soldat ne les appliquera que dans une mesure très restreinte, variable avec son état moral et l'impression plus ou moins profonde qu'aura faite sur lui le dressage. Sous le feu, sa faculté d'attention sera réduite à très peu de chose et son état de surexcitation ou d'affaissement lui rendra physiquement impossible tout mouvement précis et compliqué. Il accomplira donc les mouvements acquis par le dressage d'autant mieux qu'on l'y aura exercé avec plus de soin, mais tout ce qui exige attention ou précision comme de changer sa hausse ou de viser précisément le point qu'on lui indique, disparaîtra assez vite.

Ce fait que le tir ne sera ordinairement que partiellement conduit et souvent ne le sera pas du tout comporte, au point de vue de la vulnérabilité, des conséquences notables.

Un homme sous le feu a toujours l'impression aussi vive que peu raisonnée qu'il est spécialement et personnellement visé — qu'on lui en veut. C'est la réaction logique de la sensation du danger sur un organisme privé de la faculté de raisonner. L'observation est du reste assez connue et prouvée par l'expérience. Sous l'empire de cette hantise, pour qu'on ne le tue pas, l'homme cherche à tuer et c'est un des moteurs les plus puissants du combattant.

Il en résulte qu'il tirera nécessairement et quoi qu'il arrive sur les gens qu'il croira en train de tirer sur lui, c'est-à-dire sur ceux qu'il verra le mieux en face de lui. Cette conviction que ce sont ceux-là et non d'autres qui le menacent, étant la conséquence directe d'une série d'impulsions sans raisonnement, se présentera sous forme d'évidence. L'homme lui-même ne choisira donc pas, le plus souvent, son objectif; cet objectif s'imposera.

On voit combien il serait déraisonnable de compter qu'on pourra toujours à volonté lui faire diriger son tir sur le point qu'on aura choisi.

Donc, plus d'artifices de tir, plus de gerbes conduites à destination au moyen de points de repère habilement indiqués ; plus d'objectifs judicieusement choisis d'après leur vulnérabilité ni de concentration de feux artificielle. Le combattant placé dans les difficiles conditions que l'on sait tirera sans malice sur ce qu'il verra le mieux, sur ce qui frappera son attention. S'il voit mal ou rien, il tirera au hasard.

La visibilité dans ces conditions devient le facteur presque unique de la vulnérabilité. Tous nos efforts doivent tendre par conséquent à réduire la visibilité, à ne pas attirer l'attention du tireur ennemi.

Présenter de nombreux petits groupes se déplaçant facilement et utilisant bien le terrain, des mouvements rapides et irréguliers, des hommes couchés toutes les fois qu'ils ne sont pas complètement abrités, voilà ce qui importe. Quant au fait, pour ces petits paquets, de marcher ou de stationner en long ou en large, avec des intervalles larges ou serrés, cela est tout à fait secondaire.

S'il s'agit de gros paquets (lignes denses se suivant ou colonnes) la question de leur vulnérabilité est assez simple. Quel que soit le détail de leur dispositif, ils ne se montreront plus sous le feu d'un ennemi non démoralisé.

Le placement des éléments l'un par rapport à l'autre n'a aucune vertu spéciale ; ce sont la souplesse de l'ensemble à se mouler sur le terrain, la rapidité et l'irrégularité des mouvements de petits groupes faciles à manier qui seules désormais peuvent assurer aux troupes, sur le champ de bataille, une immunité relative. — Il faut passer inaperçu, ne pas attirer l'attention ; tout est là. La modestie sied au fantassin.

On remarquera que cette façon d'envisager la question de la vulnérabilité concorde absolument avec l'impression des témoins des dernières guerres.

Nous pouvons dès maintenant tirer de ce qui précède les conséquences suivantes :

1° La conduite du feu, pour avoir chance de s'exercer utilement au combat, doit être très simple et ne viser que les choses nécessaires et possibles. Elle tend à se confondre avec la conduite de la troupe ;

2° Les indications du chef n'atteindront, quoi qu'il arrive, que les hommes en bonne condition morale. Ces indications d'ailleurs ne peuvent améliorer que le tir des hommes individuellement bien dressés. Il importe peu qu'un homme qui ne vise pas ou vise mal emploie une hausse plutôt qu'une autre.

Il en résulte que la conduite technique du tir n'entre que pour une part médiocre dans l'efficacité. La conduite de la troupe en vue de sauvegarder son moral et le dressage individuel du tireur prennent la première place, même dans le tir conduit;

3° La conduite du feu manquera très souvent totalement ou en partie. Il faut donc que l'homme puisse tirer utilement sans être conduit.

§ 2 — CONSÉQUENCES PRATIQUES

1° Conduite et discipline du feu

L'officier ne « conduit » pas le feu et le « règle » moins encore ; il commande des hommes qui tirent. L'efficacité du feu dépend à un moment donné de la valeur de chacun de ces hommes comme soldat et comme tireur.

Tout ce que le chef fera pour sauvegarder le moral du soldat ou exalter son énergie et pour aider le tireur contribuera donc très activement à l'efficacité du feu. Son action, pour n'être pas celle de pointeur du tir, n'en restera donc pas moins nécessaire ni moins importante.

Presque toujours cette action s'exercera non plus par l'indication précise des éléments du tir, mais par des moyens indirects : habileté à conduire les cheminements, choix judicieux des positions de tir, caractère et sang-froid inspirant confiance à sa troupe.

Bien entendu, chaque fois qu'il le pourra et que ses hommes seront en mesure d'en profiter, l'officier donnera toutes les indications, tous les conseils de nature à améliorer le tir : distance, renseignements sur les emplacements occupés par l'ennemi, attention attirée sur les troupes qui se montrent, etc...

Reste la question de la discipline du feu. Nous avons été forcés de capituler sur presque tous les points et de reconnaître qu'habituellement l'officier ne conduira pas le tir, comme nous l'entendons actuellement : il conduira ses hommes de façon à les mettre dans les meilleures conditions possible pour tirer. Faudra-t-il aussi abandonner le choix du moment où il convient de tirer et renoncer à tout contrôle sur la consommation des munitions ?

Affirmons au contraire l'absolue nécessité pour le chef de conserver la disposition de son tir; il doit rester maître de faire tirer et de faire cesser le feu au moment opportun, car autrement ce n'est plus seulement la conduite du tir mais celle du combat qui lui échappe.

Comment obtenir la discipline du feu ? Pouvons-nous sans inconséquence, après ce que nous avons dit, décréter que l'officier aura la possibilité matérielle et l'autorité de faire ouvrir et cesser le feu à son commandement ?

On doit admettre, au contraire, que jamais on n'empêchera de tirer un homme exposé au feu quand il voit son ennemi et croit pouvoir l'atteindre. Laisser croire aux gradés qu'ils pourront, par la vertu d'un simple commandement, l'obtenir au combat est donc aussi dangereux que déraisonnable, car cela les dispenserait de chercher les moyens pratiques à employer pour faire ouvrir et cesser le feu quand il le faut.

On peut considérer deux aspects de la discipline du feu.

1° La discipline individuelle — la plus importante — visant surtout les cas très nombreux de tir non conduit ou incomplètement conduit et ayant pour but d'empêcher dans la mesure du possible le gaspillage des munitions.

Sa base est la suivante : « L'homme doit toujours tirer avec l'intention d'atteindre, pour son compte, le but qu'il vise. » Ce principe se traduit en quelques règles simples :

On ne doit jamais tirer quand on ne voit pas.

On ne tire que quand on a des chances d'atteindre.

On tire d'autant plus soigneusement, et par conséquent plus lentement, que le but est plus difficile à atteindre.

Ces notions ne peuvent s'acquérir que par un dressage très sérieux et fort négligé jusqu'ici. Ce dressage demande beaucoup de temps et de soin; il exige d'assez profondes modifications dans nos habitudes d'instruction et de conduite du feu en temps de paix.

2° La discipline collective — qui repose presque entièrement sur des moyens indirects et relève bien plus de la conduite de la troupe que de la conduite du feu.

Il ne faut demander que des choses possibles ; c'est favoriser l'indiscipline que d'enseigner à l'homme en temps de paix ce que l'on sait être inexécutable au combat.

Nous admettrons donc les principes suivants : quand un homme reçoit des coups de fusil, on ne l'empêchera de tirer sur l'ennemi qu'il voit qu'en le plaçant dans une situation telle qu'il ne puisse pas tirer ou au moins en le maintenant dans une formation qui rende le tir difficile. On n'obtiendra la cessation du feu (à moins que l'ennemi n'interrompe lui-même le sien) qu'en faisant disparaître les tireurs derrière un abri, exploitant ainsi l'instinct de la conservation, ou quelquefois, si le moral est suffisant, en provoquant un bond en avant.

Pratiquement, depuis les fusils à tir rapide et à longue portée, c'est ainsi qu'on a toujours cherché et souvent obtenu la discipline du feu à la guerre. La préoccupation de ne montrer ses hommes et de ne les mettre en situation de tirer qu'au moment même d'ouvrir le feu s'accorde du reste parfaitement avec les autres conditions du combat et ne créera dans la pratique aucune difficulté nouvelle.

Les conséquences de ces principes en vue du dressage des hommes et des cadres sont faciles à déduire et chacun peut les formuler.

Il importe d'autant plus de les préciser que presque toutes les questions intéressant le tir de l'infanterie au combat sont strictement dépendantes de la discipline du feu.

La « vitesse » du tir en est un exemple. L'infanterie ayant une arme à tir rapide n'est pas faite pour tirer lentement. Nos efforts doivent donc tendre à la faire tirer vite, mais par courtes périodes intermittentes, et cela exige d'abord que l'on puisse faire ouvrir et cesser le feu à volonté. La nature des moyens à employer pour l'obtenir nous permet dès maintenant de remarquer que si le fantassin doit être exercé à se servir de plus en plus d'un tir intermittent, il ne faut pas essayer de lui faire faire des rafales subitement déchaînées et brusquement éteintes comme celles du canon. Les rafales du fusil ne peuvent être que de courtes périodes de tir individuel exécuté toujours avec autant de soin que le comporteront les circonstances, le feu s'allumant d'ordinaire et surtout s'éteignant progressivement et de proche en proche.

2° *Dressage de la troupe*

L'efficacité d'un tir dépend surtout de la qualité de chaque tireur au moment considéré.

Nous avons vu l'officier se transformer peu à peu de conducteur du tir en conducteur d'hommes. Son rôle principal est de mettre le soldat en bonne situation pour tirer, en particulier de soutenir son moral.

Ce sont les plus braves qui tirent le mieux parce qu'ils sont moins atteints physiquement et moralement par les émotions du combat.

Quant au tireur, nous serons guidés dans sa préparation par ce principe : il n'y a point de tir collectif. Au combat, il y a des hommes qui font simultanément du tir individuel. Ces hommes peuvent être aidés dans certains cas par le chef, qui indique à chacun d'eux les éléments du tir ; d'autres fois ils devront agir sans direction.

Il n'y a donc à proprement parler qu'une seule instruction du tir, l'instruction individuelle. L'instruction collective est presque entièrement négative ; elle consiste en ceci : apprendre aux hommes à tirer en groupe sans perdre les habitudes qu'on leur a fait prendre dans le tir individuel.

Reste à déterminer les bases de l'instruction individuelle. Nous voulons former des tireurs de combat, c'est-à-dire des hommes capables, non pas de tirer avec précision au stand, mais de tirer utilement dans les conditions spéciales indiquées précédemment — c'est-à-dire d'atteindre avec le minimum d'attention et de fatigue un but analogue à ceux qui se présentent au combat.

Il en résulte que notre instruction doit être presque entièrement du dressage ; elle aura pour but de faire prendre à nos hommes — par une longue répétition des mêmes exercices — des « habitudes » :

— Habitudes de corps (dressage physique);

— Habitudes d'esprit (dressage tactique).

Remarquons en particulier que si l'on admet généralement l'utilité des séances journalières et relativement prolongées de mise en joue et de visée, l'importance de l'éducation de l'œil ne paraît pas encore assez reconnue. C'est un des enseignements les plus notables des guerres récentes qu'il faudra tirer loin sur des objectifs peu visibles.

Nous devons exercer nos hommes à bien voir. La plupart d'entre eux — faute d'exercice — ne distinguent pas aux distances pratiques de combat ; ce doit être la matière d'un dressage très long et assez difficile à organiser.

Il est hors de doute que l'homme au combat tirera vite ; si on ne lui apprend qu'à tirer lentement, il tirera au hasard. Nous devons faire entrer d'une façon habituelle, dans l'instruction, la vitesse du tir.

L'expérience montre que presque toujours sur le champ de bataille le tir est trop haut. Il faut chercher à combattre cette tendance par des artifices de dressage tels que : faire toujours viser des buts bas, au ras du sol, et exiger que dans le mouvement de « joue » l'arme arrive à l'épaule avec le canon légèrement incliné au-dessous de l'horizontale.

Le dressage tactique du tireur est encore presque inconnu chez nous, et c'est une des plus déplorables conséquences de la théorie du tir collectif, qui ne connaissait que l' « homme-fusil » exécutant automatiquement l'ordre du chef. Il s'agit bien, notons-le, d'un dressage, c'est-à-dire d'habitudes à prendre par l'application très fréquente de quelques règles simples et non pas de connaissances à acquérir.

Le principe du dressage tactique — indiqué déjà — peut se

formuler ainsi : en toutes circonstances, l'homme doit tirer avec la ferme intention d'atteindre, pour son compte, le but qu'il vise. On ne tire donc que quand il y a probabilité d'atteindre.

C'est une instruction à organiser; elle demande beaucoup de soin et comporte les matières suivantes :

La recherche d'objectifs à travers la campagne;

L'estimation de la probabilité d'atteindre suivant la distance, la visibilité, la taille ou le mouvement du but;

L'habitude de ne jamais tirer quand on ne voit pas et de cesser le feu sans commandement quand l'ennemi disparaît;

L'habitude de tirer quand il le faut sans l'aide du chef; ce qui implique le choix de l'objectif et la répartition du tir.

Il n'est pas question du choix de la hausse; l'homme non conduit tirera toujours avec la hausse de combat.

Observons d'ailleurs en terminant que le meilleur dressage serait encore de tirer souvent. La fréquentation journalière de l'arme, l'éducation de l'œil, cette lente appropriation de l'organisme, résultat d'une longue pratique, sont malheureusement difficilement compatibles avec les conditions sociales où nous vivons.

Au moins devons-nous chercher à profiter du court passage des hommes sous les drapeaux en utilisant judicieusement les cartouches allouées, et à développer la pratique du tir dans la nation.

§ 3 — EMPLOI DES FEUX

Cette excursion dans le domaine du tir va nous permettre de résumer sommairement les principes qui pourront guider l'initiative des officiers dans la solution des multiples problèmes de l'emploi des feux.

Deux points sont à considérer :

Comment pouvons-nous tirer ?

Dans quel but voulons-nous tirer ?

On pourra parfois commander sa troupe comme sur le

champ de tir, alors que dans d'autres circonstances elle échappera à tout contrôle et à toute direction.

Il serait aussi déraisonnable de considérer cette anarchie complète comme le cas général que de compter toujours régler le tir et le conduire par des procédés analogues à ceux que nous employons en temps de paix.

Dans les circonstances habituelles du combat, le chef peut et doit diriger le feu de ses hommes. Mais il ne lui suffira pas, comme on semble le croire, d'indiquer les éléments du tir, de fixer un objectif, d'ordonner l'ouverture du feu ou son extinction. Son rôle est plus difficile et ce n'est pas avec un simple commandement qu'il peut se flatter de le remplir.

C'est grâce seulement au judicieux emploi de moyens indirects appropriés aux circonstances qu'il parviendra à utiliser le feu de ses hommes au moment voulu et dans un but déterminé. Il lui importe donc avant tout de connaître exactement dans quelle mesure et sous quelle forme sa volonté peut intervenir dans l'exécution du tir.

Nous avons essayé de montrer que si parfois cette volonté peut s'imposer presque aussi complètement et aussi directement qu'en temps de paix, le plus souvent il faudra se contenter d'une action plus sommaire et en quelque sorte plus lointaine.

Aux distances de combat efficaces, quand il s'agira, sous le feu, d'employer le tir de sa troupe, l'officier devra compter avec nos constatations précédentes :

L'homme ne modifiera plus sa hausse et tirera sur l'objectif qu'il verra le mieux en face de lui ; on ne pourra que très difficilement le faire changer d'objectif.

Il tirera vite et le plus souvent en se servant de la répétition, parce que « c'est plus commode ». L'intensité du feu ne variera donc guère, surtout dans l'offensive, qu'avec le nombre d'hommes en ligne et, si l'homme est bien dressé, avec la difficulté d'atteindre le but.

Dès qu'on le mettra en situation de tirer, le combattant, s'il reçoit des balles, tirera nécessairement. A moins d'accalmie très sensible on ne fera cesser le feu qu'en abritant les tireurs ou en changeant de place.

La conclusion qui s'impose est celle-ci. En dehors des circonstances, exceptionnelles en somme, où le chef pourra directement conduire le tir, on ne doit pas compter au combat sur un feu habilement nuancé, ouvert et cessé à la minute précise qu'on a choisie.

Point de concentrations artificielles de feux ni de changements d'objectifs obtenus à volonté ; point de tireurs le doigt sur la détente, attendant un signe pour « déclancher la rafale » comme on dit aujourd'hui.

L'officier commande des hommes dont il connaît par expérience la capacité de tir et la résistance à la démoralisation ; il s'agit pour lui de les dépenser judicieusement en vue du résultat cherché et de les faire produire le plus possible.

Soutenir leur moral, bien choisir leur position de tir face à l'objectif qu'on veut atteindre, les tenir cachés jusqu'à l'ouverture du feu, les faire apparaître au bon moment, attirer leur attention sur les troupes ennemies qui se montrent, les retirer du feu quand on veut qu'ils ne tirent plus, c'est à cela que se limitera le plus souvent l'action du chef sur le feu.

Quel que soit le résultat qu'on attende du tir (avancer, user l'ennemi, gagner du temps en le retardant...), le but immédiat sera toujours d'agir sur lui en l'effrayant, en le démoralisant plus ou moins. Or un feu lent et parcimonieux, même prolongé, est incapable de produire cette nécessaire impression. Il est donc inefficace et ce doit être un principe pour nous de n'employer jamais un tir lent que nous savons sans valeur.

Notre règle sera de ne tirer que quand le feu peut être efficace et d'y employer alors assez de moyens pour obtenir aussi rapidement que possible le résultat voulu. Dès que ce résultat est atteint ou qu'on le reconnaît momentanément impossible, tout notre effort doit tendre non pas à restreindre mais à cesser le feu.

La pratique est malaisée. Un feu vif ne peut pas être continu et devrait prendre la forme de courtes rafales séparées par des temps d'arrêt.

Malheureusement, nous ne pouvons compter que sur une

discipline de feu approximative. Les artifices qu'on nous propose dans ce but ont tous quelques avantages, aussi convient-il de n'en négliger aucun. Mais aucun n'est d'une efficacité certaine dans tous les cas.

Il en résulte que tous nos efforts seront souvent impuissants à produire cette succession de courtes rafales séparées par des silences complets. Nous devrons alors limiter notre ambition à n'ouvrir le feu en déployant nos hommes, qu'au moment du besoin et, quand ce feu deviendra inutile, à provoquer son extinction plus ou moins complète et rapide en faisant cacher ou mouvoir les tireurs.

Le feu à longue distance est impuissant à procurer des résultats « décisifs ». C'est un fait d'expérience, on peut en citer d'ailleurs plusieurs raisons ; la principale est que le feu sera toujours insuffisant pour démoraliser complètement une troupe solide s'il ne s'y joint la crainte de l'abordage. Le feu rapproché seul peut se combiner avec le mouvement en avant immédiatement menaçant pour l'ennemi.

On emploiera donc les feux aux grandes et moyennes distances (au delà de 800 mètres par exemple), quand on veut éviter ou retarder une décision ; c'est une manœuvre.

Si, au lieu d'éviter la décision, on la cherche, c'est toujours aux distances efficaces de combat (en deçà de 800 mètres pour fixer les idées) qu'on la fera mûrir.

Dans l'offensive on ne tire que pour avancer. Le but immédiat est de démoraliser le défenseur pour qu'il tire mal ou ne tire plus. Nous savons que l'ouverture du feu ralentit toujours la marche en avant. Le tir lointain, d'ailleurs, sur des hommes abrités ne produira que des résultats insignifiants. A toutes distances, un feu parcimonieux et lent est sans effet.

Il en résulte qu'on tirera seulement quand il sera devenu impossible d'avancer sans avoir agi sur l'ennemi. Mais alors on utilisera immédiatement autant de fusils que le terrain le permettra ou au moins un effectif jugé largement suffisant. On devra s'assurer dès le début une supériorité d'autant plus marquée qu'on veut avancer plus vite.

L'application de ces principes n'est pas sans présenter dans la pratique quelques difficultés et la question mérite une étude approfondie; nous nous bornerons ici à quelques remarques.

1° Cette constatation de l'inutilité d'un feu insuffisant et ce principe, qu'il est désirable dans l'offensive d'agir par le feu le plus tard possible mais avec une grande supériorité de moyens, ne changent rien à la nécessité d'orienter le combat, de ne se déployer qu'à bon escient et de conserver du monde pour alimenter la ligne de combat.

L'art consiste à tenir compte de ces différents facteurs dans une mesure variable avec les circonstances et qu'il est impossible d'évaluer théoriquement : « c'est un art tout d'exécution ».

2° De ce que le feu lointain est rarement utile, il ne s'ensuit pas que le feu le plus rapproché sera toujours le meilleur. Il arrivera souvent, au contraire, qu'une position de tir à 800 mètres par exemple sera beaucoup plus avantageuse que d'autres plus rapprochées à 600 ou 500 mètres.

Ce sont les occupants des bonnes positions de tir, momentanément arrêtés, qui protégeront de leur feu les autres fractions et leur permettront de gagner du terrain, jusqu'à ce qu'on ait trouvé mieux.

3° Nous avons affirmé que dans l'offensive on tire pour avancer. Ne se produira-t-il pas souvent au contraire que l'attaque de front tirera uniquement pour occuper l'ennemi pendant qu'on le tourne, comme les Anglais dans la deuxième période de la campagne du Transvaal ?

Ce serait une conception très dangereuse.

Entendue ainsi, une démonstration n'a aucune valeur.

Dans une action offensive, tout le monde doit attaquer avec l'intention de réussir. Si sur certains points une attaque se transforme en « démonstration », c'est que le terrain s'opposera à sa marche ou que le chef ne lui aura pas donné des moyens suffisants. — Jamais le commandant d'une troupe ne doit partir avec la volonté de ne pas arriver. Pour fixer l'ennemi, pour le convaincre qu'on attaque sérieusement, il est indispensable de le croire soi-même.

CONCLUSIONS

Contentons-nous, pour conclure, de résumer très sommairement les idées maîtresses qui nous ont paru de nature à guider les réflexions et à discipliner les efforts de l'officier d'infanterie dans sa tâche d'éducateur.

Aujourd'hui comme autrefois, le combat offensif de l'infanterie se définit en un mot : avancer. Mais avancer en face des armes actuelles serait le plus souvent impossible avec les méthodes anciennes. La rapidité du tir produit un effet moral considérable, et sa grande portée augmente démesurément le temps pendant lequel le combattant devrait subir une épreuve trop forte pour son organisme.

Pour réduire cette épreuve, l'attaque dispose de deux moyens :

Exploiter le terrain en vue de se soustraire aux effets du feu de l'ennemi ;

Faire soi-même un feu supérieur pour éteindre ou au moins atténuer celui de l'adversaire.

Toute la technique de notre instruction visera donc deux résultats : la souplesse des formations et l'efficacité du tir.

La vraie difficulté de notre tâche du temps de paix résulte de l'obligation, si nous voulons faire œuvre utile, de subordonner jusque dans les détails les éléments techniques aux éléments psychiques, beaucoup plus délicats à déterminer et qu'il est impossible d'expérimenter directement.

Le fait, par exemple, d'éviter les pertes matérielles n'est qu'un moyen, et le but de l'utilisation du terrain est d'amener à bonne distance des hommes physiquement et moralement capables de combattre. Les formations les plus propres à éviter les pertes peuvent donc ne pas être, dans toutes les circonstances du combat, les plus avantageuses.

Cette préoccupation de tenir compte des conditions morales du combat n'est nulle part plus nécessaire que dans la question des feux.

Dans son ensemble, la conduite du combat a peu varié. La plus notable modification et la plus caractéristique est celle-ci : le terrain s'affirme en toutes circonstances comme un collaborateur indispensable et souvent tyrannique du chef dont la tâche est compliquée par cette dépendance. La valeur des formations et des méthodes de cheminement se mesure aux facilités qu'elles donnent pour utiliser le terrain, et le rôle des officiers supérieurs au combat se limite presque à évaluer la quantité d'hommes qu'il faudra dépenser pour obtenir un résultat donné, et à amener ces hommes au point et au moment voulus, en bonne forme physique et morale.

Pour le surplus, l'expérience des faits de guerre récents, loin d'ébranler les principes connus du combat, ne fait que les confirmer.

En face du fusil d'infanterie la consommation d'hommes est énorme, non pas à cause des pertes matérielles dont le chiffre tendrait plutôt à diminuer, mais en raison de l'usure très rapide d'une troupe au feu. Une attaque pour être puissante doit donc comporter une série d'efforts successifs, et, par conséquent, un dispositif profond.

Une manœuvre — feu lointain, approches et combat de nuit, tentative d'investissement — est souvent nécessaire mais jamais suffisante en face d'un ennemi solide ; elle prépare et facilite le combat mais ne le remplace pas.

Il faut toujours en venir, sur certains points au moins, à l'attaque directe et poussée à fond. Cette crise finale paraît, de sang-froid, purement impossible. Aucun procédé tactique, aucun dressage ne peut l'expliquer. C'est une affaire de moral, et le but de nos efforts tactiques sera surtout de préparer cette solution et de la rendre possible, en opposant de près des troupes moralement supérieures à un adversaire déprimé par la conscience de son infériorité et paralysé par le feu.

Le succès dépend, en fin de compte, de la capacité de combat de la troupe ; une instruction judicieuse et l'habileté des procédés tactiques y entrent pour beaucoup, mais il faut autre chose. La supériorité morale sous la forme spéciale de l'esprit offensif est le signe de ceux qui vaincront, le dernier soldat doit en être marqué comme le chef. Cette constatation comporte d'importantes conséquences.

On nous laisse entendre parfois que, grâce au perfectionnement des armes et à la force de résistance qu'en peut acquérir la défensive, l'art suprême dans la bataille sera de faire varier à volonté l'attitude de ses troupes et de leur donner en certains points une mission défensive pour attaquer plus avantageusement sur d'autres points.

C'est une dangereuse conception. On ne peut pas doser ni nuancer ce souffle moral qu'est l'esprit offensif, et dans une armée digne de vaincre, quand une fraction au combat, si petite soit-elle, n'avance pas, c'est de force. Elle s'arrête parfois, mais, comme l'eau d'un torrent devant un barrage, battant l'obstacle et le pressant avec toute l'énergie de sa force vive.

Notre combat d'infanterie, contrairement à certaines idées courantes, est devenu, dans ses lignes essentielles, plus simple. La tâche du commandement s'y limite de plus en plus à engager judicieusement ses troupes, et son intervention, toute de prévoyance, pour être moins compliquée dans sa forme, n'en devient d'ailleurs que plus lourde.

Les ordres précis à exécution immédiate, la répartition minutieuse du travail, la liaison permanente des mouvements en cours d'action ne trouvent plus leur place dans nos engagements et c'est dans ce sens qu'on a pu affirmer que le succès dépend en grande partie de la valeur de la troupe. A partir du moment où elle est « découplée », une unité de combat n'a plus pour conditionner son action que deux éléments :

L'un matériel : un objectif à atteindre;

L'autre moral : la volonté d'atteindre cet objectif.

Et comme le fractionnement en nombreux groupes autonomes devient la règle de nos mouvements sur le champ de bataille, la convergence et la coordination des efforts ne peut plus être assurée, dans une action offensive d'aujourd'hui, qu'à deux conditions : une troupe doit toujours marcher sur un objectif déterminé et connu de tous et non plus servir de satellite à une autre unité seule consciente de la direction voulue par le chef. Ainsi assurée dans sa direction, il lui faut encore, pour remplir sa mission, un moteur indépendant ; ce sera la volonté d'atteindre à tout prix l'objectif désigné, c'est-à-dire l'esprit offensif qui doit d'une façon permanente animer jusqu'au dernier homme.

Ces idées ne sont d'ailleurs que des constatations et il en doit être ainsi ; une doctrine de combat ne peut avoir pour base que des faits éclairés par le bon sens.

En étudiant les outils de guerre les plus puissants des temps modernes, tels que les armées de la France au commencement du dix-neuvième siècle ou celles de l'Allemagne en 1870, nous y trouverons toujours ce caractère commun à toutes les armées victorieuses : esprit offensif total et sans arrière-pensée animant, au même degré, chefs et soldats.

On peut y joindre dès maintenant les armées japonaises d'aujourd'hui et, sans crainte d'erreur, formuler la véritable cause de leurs extraordinaires succès en face d'un adversaire exceptionnellement solide. Ce n'est pas la supériorité de leur tactique ni la science apprise dans nos écoles militaires d'Europe qu'il nous faudra, pour vaincre, aller redemander aux Japonais, c'est leur admirable esprit offensif.

DEUXIÈME PARTIE

DRESSAGE ET INSTRUCTION DE LA TROUPE

S'il est certainement possible de trouver dans l'étude du combat offensif moderne une base solide et une orientation raisonnable pour l'instruction de la troupe, le passage à la pratique n'est pas sans difficultés.

A côté des règlements qui constituent la « lettre » de l'instruction, il y a les habitudes et les traditions qui en déterminent « l'esprit ». Ce sont ces habitudes qu'il importe surtout de modifier, et cela exige un long effort.

Nous avons pendant trois ans, dans le commandement d'un bataillon d'infanterie, poursuivi la recherche et l'expérimentation des moyens propres à rendre pratiquement utilisables pour l'instruction de l'infanterie les enseignements des guerres récentes. Afin qu'il reste trace de ces essais et dans le but de guider les instructeurs dans leur tâche journalière, à mesure qu'une question semblait mûre, nous l'avons sommairement résumée dans un « cahier » destiné aux officiers du bataillon.

Ce sont ces « cahiers » que l'on trouvera dans la deuxième partie de ce travail. Bien que leur ensemble soit loin d'épuiser la question et présente de nombreuses lacunes, nous les donnons dans la forme même où ils ont été « pratiqués » ; préférant ne pas mêler — en essayant de combler hâtivement ces lacunes — des idées non vérifiées avec des matériaux d'expérience.

Il s'agit donc dans ces notes non pas de spéculations théoriques mais de conseils absolument pratiques visant des méthodes d'instruction et de dressage étudiées sur le terrain en collaboration avec la troupe, et qui ont en partie déjà porté leurs fruits.

30ᵉ RÉGIMENT D'INFANTERIE

1ᵉʳ BATAILLON

Résumé de théories

Cahier n° 1

DRESSAGE ET INSTRUCTION DU JEUNE SOLDAT

Sommaire

I. Dressage individuel de l'homme.
II. La notion de la « direction ».
III. Dressage du groupe.
IV. Enseignement des éléments du service en campagne.
V. Instruction tactique de la troupe.
VI. Organisation de l'instruction et emploi du temps.

DRESSAGE ET INSTRUCTION DU JEUNE SOLDAT

Il est urgent de perfectionner et de simplifier nos méthodes d'instruction de la troupe.

Le Règlement a facilité notre tâche par la suppression des mouvements inutiles ; ceux qui sont conservés ne présentent pas tous la même importance et il convient de profiter de l'initiative qui nous est laissée pour orienter nos efforts vers « le plus utile ».

Dans l'instruction de la troupe en vue du combat d'aujourd'hui, le « nécessaire » se résume de plus en plus en deux points :

1° Solide dressage individuel réduit à un petit nombre de mouvements, mais très poussé dans le sens du développement et de l'assouplissement de l'homme et de la pratique du tir ;

2° Dressage collectif et assouplissement du groupe (section ou demi-section) en terrain varié.

C'est donc sur ces deux points que doivent se concentrer nos efforts, en diminuant, s'il le faut, le temps consacré aux exercices collectifs à rangs serrés sur la place d'exercice qui doivent définitivement passer au second rang.

Nos méthodes d'instruction, telles qu'elles sont appliquées, ne répondent pas à nos besoins nouveaux. Seule, l'instruction de la gymnastique a fait quelques progrès dans un sens raisonnable.

Cette note a pour but d'indiquer aux instructeurs l'orientation qu'il paraît utile de donner à leurs travaux. Nous y examinerons les points suivants :

1° Dressage individuel de l'homme ;

2° La notion de « direction » remplaçant l'ancienne idée « d'alignement » ;

3° Dressage du groupe ;

4° Enseignement des premiers éléments du service en campagne ;

5° Instruction tactique de la troupe ;

6° Organisation de l'instruction et emploi du temps.

N. B. — L'assouplissement de la section et de la compagnie en vue du combat et le dressage du tireur sont traités à part dans les cahiers suivants.

I — Dressage individuel de l'homme

A la fois entraînement et dressage, l'instruction individuelle n'a pas pour idéal — comme on semble le croire trop souvent — de couler tous nos hommes dans le même moule, de les cristalliser sous une forme moyenne et régulière.

Son but doit être de les développer individuellement pour obtenir de chacun d'eux le maximum de rendement dont il est susceptible dans l'exécution des mouvements utiles à la guerre. Nous ne perdrons donc plus un temps précieux et parcimonieusement mesuré, à la recherche d'exécutions identiques et de cadences exactes.

Notre méthode actuelle, qui consiste à faire de l'*imitation* d'un geste le principal et presque le seul procédé d'instruction, est rudimentaire. Elle donne de médiocres résultats et cause une perte de temps considérable.

Il faut nous déshabituer de considérer les mouvements ordonnés et décrits dans leur forme extérieure par le Règlement, comme des rites ayant une vertu propre.

Le Règlement expose dans le détail la façon d'exécuter certains mouvements, pour deux raisons :

Obtenir la régularité et l'uniformité nécessaires pour que les hommes dans le rang ne se gênent pas entre eux ;

Indiquer les procédés que l'expérience prouve les plus avantageux pour obtenir un résultat donné.

C'est le résultat à obtenir, c'est-à-dire le but de chaque

mouvement qu'il faut avant tout connaître et faire comprendre aux hommes.

On leur montrera ensuite progressivement et méthodiquement les moyens propres à obtenir ce résultat et on aura soin de ne jamais, dans les commencements, corriger directement une faute par un rappel au Règlement, comme nous le faisons presque toujours [1].

Pour amener l'homme à se corriger, il suffit le plus souvent de lui faire constater qu'il obtiendra plus facilement le résultat cherché en agissant autrement.

C'est seulement quand il aura compris et exécuté de lui-même plusieurs fois correctement qu'on pourra rectifier une erreur, provenant d'un oubli ou d'un manque d'attention, par un simple avertissement qui alors éveillera en lui une idée précise. On observera, d'ailleurs, que la tâche principale de l'instructeur consiste beaucoup moins dans l'*explication* des mouvements que dans la *rectification* des essais des jeunes soldats. Il faut donc lui apprendre surtout à rectifier judicieusement.

Comme on ne peut pas demander à un jeune caporal une suffisante expérience pour trouver lui-même les procédés à employer dans chaque cas particulier, c'est l'*officier* qui devra lui enseigner ces procédés, et veiller à ce qu'il s'y conforme.

L'application de cette méthode exige que les instructeurs aient une connaissance beaucoup plus complète et réfléchie de ce qu'ils doivent enseigner.

Pratiquement il faudra, pour les éléments, renoncer pres-

---

1. On doit remarquer qu'un certain nombre de mouvements ne servant qu'à en préparer un autre, c'est seulement en exécutant ce second mouvement que le soldat pourra constater lui-même s'il a bien exécuté le précédent. Par exemple, la position « à genou » ne visant pas d'autre résultat qu'une mise en joue facile, il est impossible de se rendre compte si l'on est bien placé autrement qu'en mettant en joue. De même « la garde » n'étant imaginée que dans le but de préparer l'exécution des mouvements de l'escrime à la baïonnette tels que : « Un pas en avant » ou « Pointez », l'homme ne pourra se rectifier lui-même qu'en vérifiant s'il exécute facilement ces derniers. Il faudra donc renoncer à l'habitude de décomposer avec excès et de ne passer au mouvement suivant que quand le précédent est correct. En particulier, certains mouvements qu'on pourrait appeler « préparatoires » ne seront enseignés d'abord que sommairement et sans chercher à les perfectionner avant de passer au mouvement utile qu'ils préparent.

que entièrement à l'instruction collective. Les instructeurs passeront leur temps au début à prendre successivement chaque homme à part; cinq minutes de « leçon particulière » profitent plus qu'une demi-heure d'exercice mal surveillé. Il en résultera de nouvelles habitudes, celle, entre autres, de surveiller moins les instructeurs et de vérifier avec plus de soin les résultats qu'ils obtiennent.

Pour faire comprendre dans quel esprit il convient d'aborder les problèmes du dressage individuel, nous examinerons sommairement les principaux équilibres du corps décrits dans le Règlement :

A. *Position du soldat dans le rang avec ou sans armes.*

B. *Position de la charge et croiser la baïonnette.*

C. *Garde de l'escrime à la baïonnette.*

A — Position du soldat dans le rang

Le but est d'obtenir un équilibre relativement stable du corps debout, destiné à durer peu de temps, sans que l'homme ait à présenter une résistance spéciale dans un sens donné ; le corps tenant aussi peu de place que possible et prêt à exécuter immédiatement certains mouvements de bras et de jambes exigeant peu d'effort.

Il en résulte que le corps doit être d'aplomb (épaules à la même hauteur, pieds également ouverts), reposant non pas sur les talons — ce qui, avec les jambes jointes et tendues, est une position fatigante, peu stable et ne permettant pas la mise en marche instantanée — mais sur la plante des pieds, les talons touchant le sol sans appuyer.

Cela exige que le corps soit notablement penché en avant.

Observations. — Il est assez difficile d'obtenir que le haut du corps soit assez en avant, que les pieds soient également ouverts.

On devra apprendre aux hommes que « rentrer la ceinture » veut dire simplement se pencher en avant; leur faire constater qu'ainsi placés ils se fatiguent moins et démarrent facilement.

Pour obtenir l'ouverture symétrique des pieds, il est nécessaire que la position de l'homme soit déterminée; dans la pratique, elle ne l'est presque jamais, car on omet d'indiquer à quoi il faut faire face.

A l'instruction individuelle et pour tous les mouvements, ne jamais oublier d'indiquer à l'homme un point auquel il doit faire face; faire varier ce point, provoquer le placement correct des pieds en prescrivant au soldat de regarder successivement ses pieds et le point de direction (c'est la première application de la notion de « direction ou d'orientation » dont il est question plus loin).

Sauf pour quelques hommes mal équilibrés, auxquels il faudra un assouplissement spécial, on obtient assez facilement que les épaules soient à la même hauteur, à condition de s'en occuper. Cet équilibre du corps sur les deux hanches est plus difficile à obtenir dans les mouvements avec l'arme ; il sera l'objet d'une attention spéciale.

La position du soldat dans le rang sera très vite connue et bien prise à condition que les gradés l'enseignent convenablement et profitent de toutes les occasions qui se présentent pour faire placer correctement leurs hommes (théories, revues dans les chambres, appels, rassemblements).

Il importe extrêmement que dans ses rectifications l'instructeur opère toujours *dans le même ordre,* d'après une méthode bien déterminée.

Dans ce mouvement, il vérifiera par exemple :

1° Si l'homme est face au point indiqué, les pieds également ouverts ;

2° Si le corps se projette bien en avant, la tête directe ;

3° Si le corps est d'aplomb sur les hanches, les épaules à la même hauteur ;

4° Détails : main gauche, arme s'il y a lieu, etc...

B — Position de la charge, du tireur debout; croiser la baïonnette

Le but est double :

1° Il s'agit d'obtenir une position d'équilibre debout aussi stable et peu fatigante que possible ; ce qui correspondrait au corps équilibré sur les deux hanches, les jambes légèrement ouvertes, la distance entre les pieds étant à peu près égale à leur longueur ; le centre de gravité se projetant en avant, entre les pieds ;

2° Mais l'homme doit en outre offrir une résistance suffisante à un effort d'avant en arrière et pouvoir mettre en joue facilement. Il se fendra donc obliquement de façon à avoir un point d'appui en arrière tout en restant en mesure de présenter l'épaule droite à la crosse.

Observations. — On cherchera d'abord à obtenir une position bien équilibrée sur les deux jambes, sans fatigue ni raideur.

L'homme ne la prendra pas du premier coup d'un mouvement brusque, mais par tâtonnements, puis s'habituera progressivement à se placer sans hésitation.

Pour l'obliquité de la fente et l'inclinaison du corps en avant, on l'obtiendra en faisant constater les inconvénients des fautes commises.

Si l'homme n'est pas assez fendu en arrière ou n'a pas le haut du corps assez en avant, lui montrer qu'il n'est pas solide en faisant effort d'avant en arrière sur son arme ; s'il n'est pas assez à droite le faire mettre en joue. Dans tous les cas, le laisser rectifier lui-même. Ne jamais omettre d'indiquer le point auquel il faut faire face, ce qui fait disparaître le défaut très commun de placer l'arme obliquement et non pas perpendiculairement au rang.

C — Garde de l'escrime à la baïonnette

C'est un équilibre instable et en « tension » destiné à préparer certains mouvements rapides et violents.

Il faut obtenir :

1° L'équilibre ; le corps portant également sur les deux jambes légèrement fléchies, le buste droit, les bras libres.

L'expérience montre que c'est assez difficile. Le corps repose habituellement sur la hanche droite, et la main droite appuie l'arme sur la cuisse. Cette position défectueuse provient ordinairement de ce qu'on laisse trop longtemps les hommes en garde, ce qu'il faut éviter avec le plus grand soin.

Cet équilibre sera enseigné d'abord sans armes, et chaque homme s'exercera à prendre la garde un grand nombre de fois de suite, mais n'y restera chaque fois qu'un temps très court ;

2° La tension, c'est-à-dire une position formant ressort et permettant un effort brusque sous forme de détente.

C'est le placement des jambes qui importe ; il ne peut pas être le même pour tous les hommes.

On n'amène un homme à prendre la garde qui lui convient qu'en faisant exécuter et répéter un assez grand nombre de fois certains mouvements élémentaires (« Un pas en avant ou en arrière » ; « Pointez »).

On voit alors la garde se modifier et tendre à se fixer dans une position qui le plus souvent sera bonne, et la main droite ne plus s'appuyer sur la cuisse. Si de lui-même l'homme n'y arrive pas, on lui suggère d'essayer certaines modifications (plus ou moins fendu, etc.) et on lui fait constater que ses mouvements en deviennent plus faciles.

La garde, il ne faut pas l'oublier, est un mouvement préparatoire qu'on doit montrer d'abord sommairement et dans la mesure nécessaire pour passer aux mouvements utiles dont l'exécution plus ou moins facile et correcte permettra seule de vérifier si la position est bonne et de rectifier judicieusement cette position.

Remarquons à ce propos que l'escrime à la baïonnette est une gymnastique individuelle ; on évitera donc avec le plus grand soin de rechercher « l'ensemble ». Il ne s'agit pas en effet d'apprendre aux hommes l'exécution correcte, à une cadence déterminée, de mouvements strictement réguliers — comme dans l'ancien « maniement d'armes » — mais de l'exercer dans un but d'assouplissement à exécuter souvent avec une vigueur croissante certains mouvements utiles. L'apprentissage — très facile d'ailleurs — du mouvement de « Pointez » par exemple n'a en soi aucune valeur. Ce qui compte, c'est d'exercer très souvent le soldat à pointer en faisant effort pour augmenter la rapidité et la vigueur de la détente ainsi que l'allongement de la fente.

II — Notion de la « direction »

Nos procédés de marche en vue du combat et au combat se modifient nécessairement. Dès qu'une unité ne marche plus massée et absolument à l'abri, tout dispositif rigide dans lequel le mouvement de chaque élément est déterminé par un intervalle et une distance à conserver par rapport à une unité de direction devient impraticable.

L'impérieuse nécessité d'utiliser le terrain, le fractionnement en nombreux éléments et l'étendue des fronts de marche exigent que chaque groupe ait une large indépendance, et l'ensemble du mouvement ne peut plus être coordonné que par une direction commune.

Dans nos exercices nous trouvons plus commode de tenir en laisse nos compagnies ou nos sections et de les mouvoir comme des pions sur un échiquier. Il faut renoncer à ces habitudes de plus en plus inapplicables dans le combat moderne.

Aussi bien dans les approches que pendant le combat, un groupe, quel qu'il soit, ne doit jamais se mouvoir sans avoir un objectif ou une direction déterminée d'avance, et la marche devient ainsi, pour toute fraction petite ou grande, une série de bonds d'un point du terrain à un autre point aussi exactement défini que possible.

L'application souffre certainement quelques difficultés, surtout parce que cette préoccupation dominante de l'orientation ne s'accorde pas avec les principes sur lesquels a si longtemps reposé notre instruction.

Il importe donc de modifier nos mœurs en donnant peu à peu dans toutes nos méthodes d'instruction une place prépondérante à la notion de « direction ».

Les conséquences de cette évolution sont multiples et méritent un examen sérieux.

Les procédés employés pour ordonner nos marches et stationnements reposaient jusqu'à ces derniers temps et reposent encore en partie sur deux principes géométriques :

L'alignement, c'est-à-dire le fait de se placer ou de se maintenir dans le prolongement d'une ligne déterminée par un certain nombre de points ;

La notion de la perpendiculaire. Par exemple : établir une colonne perpendiculaire à un front tracé d'avance, dans les rassemblements ; changer de direction sous un angle fixe presque toujours droit (à droite, face à droite, mouvements carrés, etc...)

Le tracé de la ligne-base (dans les rassemblements) et l'orientation du dispositif (dans les marches) ne regardent que le chef par l'intermédiaire de ses jalonneurs ou de son guide.

Une longue habitude nous empêche de remarquer combien ces méthodes sont artificielles, peu pratiques en terrain varié et longues à apprendre. Le seul argument en leur faveur est que, sur la place d'exercice, pour les revues, on peut obtenir plus de précision dans le tracé des lignes, au prix d'un laborieux dressage. Cet argument n'a plus de valeur, puisque nécessairement les évolutions à rangs serrés du champ de manœuvre passent au second plan.

Il s'agit de remplacer ces deux principes par le suivant : tout mouvement ou tout stationnement est déterminé avant tout par son orientation par rapport aux points visibles du terrain.

On peut reconstruire intégralement sur ce principe toutes nos formations et évolutions actuelles.

Exemples : Un rang sera formé d'hommes faisant face au même point de l'horizon (assez éloigné pour que le parallélisme soit suffisant) et placés à la même hauteur. Ce sera le nouvel alignement.

Un rassemblement se formera d'unités établies chacune pour son compte face à un point indiqué, puis placées à la distance et à l'intervalle prescrits.

Dans la marche de front, chaque homme marchera franchement et d'un pas égal vers le point fixé, attentif seulement à ne pas dépasser ses voisins, etc.

La transformation complète de nos habitudes ne peut se faire que peu à peu. En attendant, le Règlement nous donne les moyens de la préparer en dirigeant nos efforts dans un sens que nous savons utile.

Il faut en profiter et développer par tous les moyens le sentiment de la « direction » qui doit devenir la base de notre dressage.

Dès maintenant, tout en nous conformant aux prescriptions réglementaires, nous userons de la latitude qui nous est accordée dans les conditions suivantes :

Instruction individuelle. — Dès le début, la principale notion donnée à l'homme sera, non pas comme autrefois de « s'aligner » sur son voisin, mais de faire face exactement à un point indiqué.

Dès la position du soldat sans armes et pour tous les mouvements de l'instruction individuelle, l'homme aura toujours une direction et ce sera un de ses premiers exercices que d'apprendre à se placer correctement face à un point déterminé et souvent changé.

Dans la marche individuelle, on ne fera plus marcher les hommes se suivant sur une piste, on les fera marcher toujours vers un point de direction. Le principal est, en effet, d'obtenir une marche directe et rectiligne vers le point fixé ; le reste est du détail.

Assouplissement collectif. — Dès que le groupe de quelques hommes est réuni, il sera toujours rassemblé ou établi « face à quelque chose » et ne marchera jamais sans qu'une direction soit indiquée.

De parti pris, les mouvements carrés, face à droite ou à gauche, seront remplacés par des mouvements obliques, et le groupe sera dressé à faire face très rapidement à tous les points visibles de l'horizon.

Dans les exercices d'évolution ou d'assouplissement, les déploiements, changements de direction de pied ferme ou en marche se feront toujours face à un point du terrain.

Les déploiements sans indication d'objectif ou perpendiculaires à la direction suivie sont des cas particuliers qu'il faut à dessein négliger.

Rassemblements. — Les rassemblements petits ou grands seront toujours orientés dans une direction déterminée. Chaque unité, après avoir fait face au point fixé, se porte à sa place.

Déterminer les rassemblements non plus par le tracé d'une ligne marquant son front mais par le point auquel il doit faire face est le seul moyen pratique d'orienter sûrement et rapidement une troupe en vue d'un engagement ou d'un mouvement.

III — Dressage du groupe

Nous avons dû assigner comme but principal à l'instruction individuelle non plus la régularité des mouvements et leur uniformité, mais la recherche, pour chaque homme, du rendement utile maximum. Ce dressage à tendance individualiste doit être complété par un apprentissage simultané de la cohésion, car la cohésion seule fait la troupe.

Les conditions habituelles du combat nous interdisent de demander exclusivement cette cohésion à l'ancienne accoutumance du rang ou à l'exécution immédiate et régulière d'un « commandement ». Il nous faut la chercher désormais dans l'habitude d'agir collectivement en vue d'un but commun d'une façon beaucoup plus consciente, plus libre et plus fréquente qu'autrefois. D'où résulte la nécessité d'aborder aussitôt que possible la pratique des mouvements utiles.

Bien que cela heurte un peu nos anciennes coutumes, nous devrons donc apprendre au jeune soldat, dès son arrivée, les premiers éléments de solidarité et d'actes collectifs, non pas sous la seule forme de mouvements dans le rang et coude à coude, mais sous leur forme pratique d'évolutions très simples à l'extérieur.

L'homme n'a pas besoin d'ailleurs de savoir tirer ni mettre l'arme sur l'épaule ni même marcher au pas ou s'aligner pour apprendre, en groupe de quelques hommes, à faire face à un point indiqué, s'ouvrir, se resserrer, se rassembler, marcher à travers champs vers un objet qu'il voit.

Une étude même sommaire du combat moderne nous montre l'action du commandement réduite le plus souvent à la fixation d'un but commun. Les lignes se fractionnent en groupes, chacun d'eux agissant par lui-même en vue du but à atteindre. Ce groupe élémentaire, véritable unité de combat, doit devenir la base de notre tactique de détail d'infanterie, et son éducation sera le morceau principal de notre préparation. Les circonstances habituelles exigent qu'il soit peu nombreux; la section du temps de paix (20-25 hommes) semble convenir comme type. Ce sera notre groupe de combat.

Pour arriver à constituer peu à peu le groupe et commencer son dressage, nous agirons comme il suit :

Dès que les hommes auront appris à faire face à un point et à marcher vers ce point, c'est-à-dire quelques jours après leur arrivée, on les réunira, pour cette instruction, en groupes très peu nombreux d'abord (4 ou 5 hommes). Au fur et à mesure qu'ils auront acquis plus de sûreté dans leurs mouvements, on augmentera progressivement l'importance des groupes pour arriver peu à peu à l'effectif normal de 20-25 hommes (section sur le pied de paix, demi-section de guerre).

Le dressage du groupe se confond alors avec l'instruction de la section et comprend, en même temps que l'assouplissement en ordre dispersé (dont il est question dans un des cahiers suivants), tous les mouvements réglementaires de la section à rangs serrés.

On se limitera pendant la première période à quelques mouvements très simples répétés très souvent sur toutes sortes de terrains, sans « chercher la difficulté ». Il s'agit non pas seulement de faire comprendre ces mouvements de telle sorte que les hommes puissent les exécuter d'une façon réfléchie, mais d'arriver par une répétition fréquente à ce qu'ils soient exécutés sans aucune hésitation et en quelque sorte machinalement. L'instruction du groupe pour le tir se poursuivra parallèlement; il en est question plus loin.

Le petit groupe (progressivement augmenté), d'abord sur un rang puis sur deux rangs, sera donc tous les jours exercé aux mouvements suivants :

1° Faire face à un point; se rassembler face à un point

Chaque homme fait face au point indiqué puis se place à hauteur de l'homme désigné comme base, sans autre préoccupation de l'alignement et sans perdre de vue le point de direction. On se rassemble toujours derrière l'instructeur, qui fait face lui-même à la direction.

(Exercice à répéter très souvent au début de l'instruction.)

2° Marcher vers un point indiqué (en changeant souvent ce point)

3° Se déployer de pied ferme et en marchant (à deux pas puis à cinq pas)

Nombreux exercices de marche vers des points de direction successifs en s'élargissant et en se resserrant.

4° Se déployer directement face à un point quelconque de l'horizon

C'est l'exercice-type en vue du combat.

Dans tous les exercices de marche, l'homme ne perd pas de vue le point de direction, attentif seulement à rester à peu près à hauteur de l'homme de base. On doit l'habituer, quand le point de direction est trop rapproché, à se diriger un peu à droite ou à gauche suivant sa place dans le rang.

Le plus souvent possible on travaillera dans la campagne.

IV — Enseignement des éléments du service en campagne

Si la méthode « d'imitation » est peu avantageuse pour l'instruction individuelle de la place d'exercice, elle est déplorable quand il s'agit des éléments du service en campagne tels que l'utilisation du terrain, la marche dissimulée, le service des patrouilles et des sentinelles. L'emploi habituel d'un procédé consistant à faire faire par d'anciens soldats ces mouvements devant des recrues qui doivent les imiter est une des causes principales des médiocres résultats qu'on obtient.

Il s'agit en somme d'applications directes du bon sens le plus élémentaire. Adressons-nous directement au bon sens.

Le principe sera de proposer toujours, et dès le début, un but à atteindre, un résultat à obtenir sans indiquer la solution.

Quand le but est compris, l'homme trouvera presque toujours de lui-même les moyens à employer ; ne jamais rectifier par un rappel au règlement mais par un rappel au bon sens et en faisant naître le plus souvent possible des incidents qui mettent en lumière les erreurs commises.

Prenons un exemple : on se propose dans les premières séances extérieures de faire comprendre l'utilisation du terrain et le rôle des patrouilleurs.

Utilisation du terrain. — Les recrues sont divisés en deux groupes. Le groupe n° 1 est placé, autant que possible, sur une élévation du sol ayant une vue assez étendue, en terrain moyennement couvert. Le groupe n° 2 est conduit à 600-800 mètres du premier et rassemblé bien en vue, mais à proximité des premiers couverts.

Les hommes du groupe n° 1 sont installés, rangs rompus, sans aucune contrainte, de façon à bien voir. On leur montre et on leur fait ajuster avec leur fusil le groupe n° 2, en leur prescrivant de surveiller leurs camarades et de tirer dessus chaque fois qu'ils les verront.

On explique aux hommes du groupe n° 2 qu'il s'agit de s'approcher le plus près possible, sans être vu, du groupe n° 1 pour l'enlever. Puis, sans autre explication, les rangs sont rompus et chacun chemine à sa fantaisie.

Si l'emplacement est bien choisi, le groupe n° 1 est presque toujours surpris par ceux qui ont bien cheminé ; on en tire la nécessité de surveiller les parties du terrain qu'on ne voit pas, en plaçant des sentinelles.

L'exercice est repris plusieurs fois, en changeant les groupes et sur différents terrains.

C'est un bon moyen de donner l'habitude du terrain et de développer l'initiative. On y constate qu'à condition de leur faire comprendre le but à atteindre et de les laisser agir en liberté dès le premier jour les jeunes soldats utilisent très bien le terrain.

Patrouilles. — Rien n'est plus propre à leur donner des idées fausses que d'inviter des jeunes soldats à regarder travailler une patrouille, puis de leur faire imiter ce qu'ils ont vu.

D'ailleurs, ces mouvements de démonstration sont toujours invraisemblables, car on ne pourrait pas suivre de l'œil une patrouille bien faite.

Pour donner dès les premières séances une idée plus juste, on peut agir comme il suit :

Des postes sont placés d'avance dans un certain nombre de hameaux, fermes, bois, etc.

La compagnie étant rassemblée, on fait remarquer aux jeunes soldats qu'elle ne peut pas se mettre en marche avant de savoir si l'ennemi occupe telle ferme ou tel bois qu'on leur montre, car elle s'exposerait à recevoir des coups de fusil. La leçon est plus claire en ayant soin de se faire surprendre par un premier poste.

On forme alors un certain nombre de groupes de quatre ou cinq jeunes soldats, *sans gradé,* et on dit à chacun d'eux : « Il s'agit d'aller voir, sans être vu, si l'ennemi occupe telle ferme ou tel bois et de savoir s'il y est nombreux » ; puis on leur donne la liberté.

Les renseignements rapportés sont contrôlés ; on vérifie si la patrouille s'est fait voir et on félicite ceux qui ont bien réussi.

En faisant enlever une ou plusieurs de ces patrouilles improvisées, on leur montrera qu'il ne faut pas marcher « en paquet », etc.

Ces exemples sont donnés seulement pour faire comprendre la méthode. C'est à chaque officier instructeur que revient la tâche d'imaginer les petits thèmes et les artifices propres à mettre en lumière ce qu'il veut enseigner.

Il devra limiter ces exercices d'instruction du début aux « éléments » (utilisation et connaissance du terrain, placement et recherche de petits postes, marche des patrouilles et petites reconnaissances vers un but indiqué, etc.) en évitant les exercices d'ensemble et surtout les exercices de combat, qui ne doivent être commencés que quand l'instruction du groupe est assez avancée.

Le principal est de toujours poser le problème clairement, en évitant avec soin toute expression technique. C'est seulement quand il aura compris et exécuté ce qu'on veut lui faire faire que le jeune soldat doit apprendre qu'il a fait une « patrouille », ou qu'il a été en « sentinelle », ou qu'il a servi d' « homme de communication », etc.

Presque tous nos jeunes soldats seront capables de faire ainsi naturellement du service en campagne — comme M. Jourdain parlait en prose — quand ils seront convaincus que les militaires sont autorisés comme les autres à se servir de leur bon sens.

Pour obtenir de bons résultats, aucune théorie, aucune démonstration sur la place d'exercice, concernant le service en campagne, ne doivent être faites aux recrues avant de les conduire sur le terrain.

V — Instruction tactique de la troupe

L'instruction tactique pour le combat est souvent mal donnée et quelquefois ne l'est pas du tout aux gradés inférieurs et aux soldats. C'est une lacune qu'il faut combler.

On se borne généralement à faire apprendre à l'homme quelques prescriptions réglementaires concernant la discipline du feu, le chargement du magasin de son arme ou ce qu'il doit faire quand son camarade de combat est blessé ; on y joint des recommandations morales sur l'obligation de suivre son chef, de ne rester en arrière sous aucun prétexte ou de défendre le drapeau. Tout cela est fort utile et les « devoirs au combat », en particulier, devront faire l'objet d'entretiens fréquents illustrés d'exemples.

Mais ce n'est pas suffisant. Le plus grand nombre de nos hommes peuvent et doivent s'élever au-dessus du dressage proprement dit et posséder une instruction tactique, une « doctrine » de combat appropriée à leur situation. Avoir une doctrine, c'est avoir pris l'habitude, les mêmes circonstances étant données, d'agir toujours dans le même sens. Cette habitude est le résultat d'un véritable dressage intellectuel qu'on entreprendra dès que l'homme aura pratiqué le tir, le service en campagne et les premiers exercices de combat.

Des conférences même bien faites n'y suffiront pas; elles ne laissent dans l'esprit que des notions souvent vagues et toujours sans activité. Les idées, pour devenir utiles, doivent être assimilées peu à peu par une répétition fréquente, intimement liée à la pratique.

La matière à enseigner sera donc condensée sous forme de règles peu nombreuses mais aussi affirmatives que possible que l'on répétera très souvent en profitant de toutes les occasions pour questionner hommes et gradés sur leur application dans les exercices de combat et les manœuvres.

Il convient de chercher des formules simples pouvant se graver facilement dans l'esprit et de s'en servir souvent en montrant leur application sur le terrain. Le mot retenu suggère la règle et n'oublions pas que l'enseignement tactique pour les gradés inférieurs et pour les soldats doit se résumer en règles positives. Nous nous contenterons d'en indiquer ici les bases.

L'instruction du fantassin doit être faite en vue du combat offensif; la défensive est un accident que l'on subit le moins souvent et le moins longtemps possible. Il n'est pas du tout désirable d'avoir des cadres inférieurs et des hommes connaissant trop bien la théorie de la défensive; d'ailleurs, s'il faut livrer un combat défensif, c'est encore avec une troupe dressée à l'offensive qu'on se défendra le mieux.

De parti pris, par conséquent, la défense, dans l'instruction de l'homme, sera considérée comme un « pis-aller » momentané.

C'est du reste l'esprit de notre règlement.

Voici, à titre d'exemple, comment on peut traduire en règles à l'usage des gradés inférieurs et des soldats les principes du combat.

A — Combat offensif

*1° Pour être vainqueur, il faut faire peur à l'ennemi; quand on a peur, on est vaincu. Le seul moyen de faire peur à l'ennemi est de l'*attaquer *résolument sans s'inquiéter de savoir si on est le plus fort.*

*2° Quand on rencontre l'ennemi, on doit toujours l'*attaquer *à moins qu'on n'ait reçu l'ordre de ne pas le faire.*

3° Attaquer, *c'est* avancer *pour chasser l'ennemi de l'endroit qu'il occupe.*

Il faut donc en toutes circonstances chercher à avancer *vers le point que le chef a donné comme direction.*

*On ne s'arrête que quand il est impossible d'*avancer.

*4° Une seule chose peut empêcher d'*avancer : *le feu de l'ennemi quand il devient trop violent.* Combattre, *c'est précisément* avancer *malgré le feu de l'ennemi.*

Il y a deux moyens d'avancer malgré l'ennemi.

Premier moyen : *Utiliser le terrain pour* avancer *sans être vu ou en étant vu le moins possible. C'est ainsi qu'on avance par bonds à la course, en ligne ouverte ou quelques hommes à la fois pour que l'ennemi ne puisse pas tirer juste. Ordinairement ce moyen ne suffit pas.*

Deuxième moyen : Tirer *soi-même sur l'ennemi et lui tuer des hommes pour lui faire peur et l'*obliger à se cacher. *Alors il ne tirera plus ou tirera mal.*

5° On tire *pour pouvoir* avancer. *Il ne faut ouvrir le feu que quand il est impossible d'avancer sans tirer.*

*Le tir ne permet d'*avancer *que si les balles atteignent l'ennemi, sans cela il ne sert à rien. Tirer trop loin ou sans viser ou sans voir l'ennemi est donc perdre son temps et ses cartouches.*

6° Comment peut-on avancer et tirer en même temps? On se bat par groupes (sections ou demi-sections). Les uns avancent *pendant que les autres* tirent.

Quand on voit un groupe voisin se lever pour avancer, *on doit faire un feu violent sur l'ennemi pour l'*empêcher de tirer *sur les camarades qui marchent. Quand on* avance *soi-même, il faut toujours choisir son chemin de façon à ne pas empêcher de tirer les groupes voisins en se mettant devant eux.*

*7° En résumé, la préoccupation constante du combattant doit être d'*avancer *vers le point à atteindre et, si momentanément on ne peut pas avancer soi-même, d'*aider les autres à avancer *en tirant sur l'ennemi.*

B — Engagement (avant-garde)

1° Une troupe en mouvement dans le voisinage de l'ennemi marche toujours vers un point du terrain *bien déterminé, indiqué par le chef. Elle doit, en toutes circonstances et quoi qu'il arrive, s'efforcer d'*atteindre ce point. *Ordinairement elle est fractionnée en groupes (sections ou demi-sections), chaque groupe conduit par son chef.*

2° Quand on rencontre l'ennemi, on continue à avancer, *sans perdre de temps mais en utilisant le terrain pour se cacher, vers le point à atteindre. Si on est arrêté par le feu, on* attaque.

3° Le groupe qui a été obligé de s'arrêter ouvre le feu pour forcer l'ennemi à se cacher et à ne plus tirer ou à tirer mal.

*Les autres groupes s'*écartent *immédiatement à droite et à gauche en se dissimulant et* continuent à avancer *pour déborder l'ennemi et le faire partir en le prenant de flanc.*

Ensuite tous les groupes continuent leur marche vers le point à atteindre.

C — Défensive

1° On se défend *seulement quand on a* reçu l'ordre *de ne pas attaquer ou quand il est* impossible *d'attaquer.*

(Exemple : une troupe qui attend des renforts, une grand'-garde.)

2° Se défendre, *c'est empêcher l'ennemi* d'avancer. *Il n'y a qu'un moyen : lui tuer et blesser assez d'hommes, en tirant sur lui, pour qu'il ait peur et n'ose plus avancer.*

3° Un tir qui n'est pas juste n'arrête pas l'ennemi et ne sert qu'à perdre des cartouches.

Quand on ne voit pas l'ennemi, ou qu'on le voit mal, ou qu'il est trop loin, on ne doit pas tirer.

Quand on le voit bien, à bonne distance, il faut faire un feu violent.

Tout le temps qu'on ne tire pas, on doit être complètement dissimulé.

*4° Le feu n'est pas toujours suffisant pour arrêter l'ennemi, il n'y a qu'une chose qui réussisse à coup sûr, quand on a du cœur : c'est l'*attaque.

Si l'ennemi avance malgré le feu, on l'attend à courte distance et quand il se croit victorieux, on se jette sur lui à la baïonnette.

Sur ces bases (complétées pour d'autres parties de l'instruction, telles que le service en campagne), chaque officier pourra composer à l'usage de ses gradés et de ses hommes une sorte de petit catéchisme très court ne contenant que des principes exprimés sous forme de préceptes positifs et pratiques en évitant toute discussion et toute expression dubitative.

Les exercices de combat seront toujours rattachés à quelques-uns de ces principes et on aura soin de montrer comment la solution adoptée s'accorde avec le précepte.

VI — Organisation de l'instruction — Emploi du temps

Il n'y a pas de temps à perdre et notre instruction doit être intensive tout en évitant un surmenage qui rebuterait le jeune soldat. L'organisation de l'instruction est donc une question capitale. C'est dans ce domaine que s'exercera surtout l'initiative du capitaine.

Trois choses sont à considérer :

a) L'éducation ;

b) L'instruction théorique ;

c) L'instruction pratique.

A — Éducation

La question est traitée dans un grand nombre de publications récentes ; on ne saurait d'ailleurs lui donner trop d'importance. Nous nous contenterons ici de quelques remarques.

La question de l'éducation de l'homme n'est pas nouvelle. De tout temps, elle a préoccupé l'officier conscient de ses devoirs. Dans le service à long terme, l'éducation de l'homme se faisait naturellement par l'accoutumance obligée à certaines règles de vie et par la fréquentation journalière de ses chefs et de ses camarades. Le service à court terme rendant beaucoup moins profonde l'influence du milieu nous force à chercher des moyens artificiels pour la remplacer dans une certaine mesure, et c'est ce qui fait croire à quelques-uns que l'éducation du soldat date d'aujourd'hui.

Il faut rechercher et employer ces moyens artificiels, mais en les choisissant et sans se faire, d'ailleurs, trop d'illusions sur leur efficacité.

On nous donne des hommes pour en faire, dans la mesure du possible, des soldats. Une seule chose possède une vertu éducative certaine, c'est l'influence du milieu. L'officier doit donc s'efforcer avant tout de rendre cette influence moralisatrice et d'en augmenter l'intensité.

De tous les moyens d'éducation, le plus sûr est l' « exemple ». Un enseignement moral n'a d'action pratique sur un homme que dans la mesure où cet homme estime celui qui enseigne. Il faut donc d'abord que le soldat estime son chef et, dans ce cas, toute parole germe, tout conseil porte son fruit. Dans le cas contraire aucune action moralisatrice n'est possible. Pour l'officier, se faire estimer est le premier devoir et le seul moyen sérieux d'éducation, il doit le savoir. L'action des sous-officiers dans le même sens ne se fera sentir qu'à la même condition. Ceci posé, on peut distinguer deux modes d'action :

La fréquentation du soldat, la conversation journalière, les avis, les observations de la vie courante ;

La conférence ou théorie morale.

Le premier est de beaucoup le plus important.

Fréquenter le soldat, lui parler souvent, lui témoigner de l'intérêt est le seul moyen d'acquérir de l'influence sur lui. Pour orienter l'esprit de ses soldats vers les grandes questions de morale, le plus sûr d'ailleurs n'est pas d'en parler *ex professo* mais de saisir toute occasion de montrer, dans ses propos et dans son attitude, l'estime que l'on a pour les vertus militaires.

En dehors des conversations courantes, il convient que le capitaine parle à sa compagnie réunie une fois par semaine. Aux avis pratiques et aux observations il aura soin de mêler toujours quelques notions sur le devoir militaire.

La conférence a sa valeur, bien qu'il soit inutile d'en abuser. Une très bonne pratique est de la faire faire par un sous-officier, ou même par un jeune soldat instruit que l'on guide dans sa préparation.

Au point de vue des sujets à traiter, on notera :

Que nous devons viser à faire des soldats et, par conséquent, rechercher de préférence les questions de nature à développer l'esprit militaire ;

Qu'il est extrêmement difficile et sans utilité de traiter directement les grandes questions morales sous leur forme abstraite.

Des récits documentaires, avec quelques remarques destinées à en faire ressortir « la morale », ont beaucoup plus de portée pratique. L'idée de Patrie, par exemple, et la nécessité de la défendre seront suggérées non par des définitions et des phrases creuses, mais en montrant ce qu'a produit l'amour de la patrie (actes de courage et de dévouement, faits d'armes, grands hommes), et en faisant ressortir les malheurs du vaincu (récits anecdotiques des invasions, situation des annexés, etc.).

B — Instruction théorique

Ce qu'on appelle instruction théorique du soldat se compose

de notions et de règles, les unes et les autres essentiellement pratiques.

La tradition veut que cet enseignement soit donné sous forme de « théories dans les chambres », qui constituent un des rites de la vie du jeune soldat. On y perd sans profit un temps considérable. La théorie dans les chambres telle que nous la connaissons doit disparaître presque complètement, au moins au début de l'instruction.

Toutes les notions courantes et les règles d'application journalière qui constituent le bagage nécessaire du soldat doivent être enseignées par les gradés inférieurs, sous leur responsabilité, non pas dans des séances obligatoires et surveillées de durée limitée et sur un sujet prescrit, mais pendant le temps libre que, chaque jour, on laissera dans ce but à leur disposition. Le sergent est chargé de diriger cette instruction. Le capitaine fixe les matières à voir et indique d'une façon aussi précise que possible ce que les jeunes soldats doivent apprendre chaque semaine ; il vérifie et fait vérifier les résultats par les officiers ou l'adjudant.

Il importe de veiller à ce que les gradés ne rétablissent pas pour leur compte la théorie sous sa forme ancienne. L'enseignement doit être proportionné à la capacité de chacun.

Dès qu'il sait ce qu'on veut lui faire apprendre, l'homme n'a plus rien à faire à la théorie du jour. Les retardataires, au contraire, seront gardés plus longtemps, et on leur fera donner des répétitions par quelque camarade plus avancé. L'enseignement mutuel est à employer dans une large mesure.

Les avantages de cette méthode sont multiples : Le gradé s'intéresse davantage à une instruction qu'il dirige comme il l'entend et dont il est responsable. Son temps est mieux employé puisqu'il peut se débarrasser très rapidement des plus intelligents. L'homme, de son côté, apprendra plus vite, puisqu'il travaille « à la tâche ». Ce changement de mœurs est assez difficile à obtenir, par suite du peu d'habitude qu'ont nos cadres de disposer d'une certaine initiative.

On enseignera ainsi tout ce qui concerne le service intérieur, l'entretien des effets et des armes, l'habillement, les grades, les marques extérieures de respect, les premières règles du service des places, etc.

Sauf les quelques règles rentrant dans l'enseignement direct des gradés, le service des places s'apprendra pratiquement dans des exercices spéciaux.

Les quelques notions indispensables sur l'arme et sur le tir rentrent dans la séance journalière de dressage du tireur dont il sera question plus loin.

Aucune théorie sur le service en campagne ne sera faite à la caserne au début de l'instruction.

En dehors de ces notions tout à fait élémentaires et de ces règles apprises en les appliquant, certaines matières doivent faire l'objet de « théories » préparées. Ces théories sont faites par les officiers ou par des sous-officiers, sur l'ordre du capitaine ou même par des hommes intelligents ayant des connaissances spéciales.

Dans cette catégorie de théories préparées, ou petites conférences, rentrent toutes celles qui touchent à l'éducation morale et à l'instruction tactique. En outre, on doit y traiter :

Les parties de l'instruction qui sortent un peu du domaine de la pratique courante (par exemple : devoirs du soldat à l'extérieur, hygiène, code militaire, devoirs des réservistes, etc.) ;

Certaines questions de nature à élargir un peu les connaissances militaires du soldat (sur le tir par exemple ou le service en campagne) ;

De temps en temps, quelques sujets d'intérêt général pouvant intéresser les hommes et leur être utiles (agriculture, mutualité, alcoolisme, etc.).

N. B. — On parle pour être compris. Mais il serait aussi déraisonnable de s'en tenir au niveau de quelques illettrés que de parler seulement pour une élite. Sauf pour les sujets techniques exigeant des connaissances spéciales, la moyenne de nos hommes peut atteindre plus haut qu'on ne le pense quelquefois, à condition que les idées soient clairement présentées.

C — Instruction pratique

L'instruction pratique est, pour la troupe, surtout du dressage. Il s'agit d'amener l'homme (dressage individuel) ou la troupe (dressage collectif) à exécuter correctement, sans fatigue et, pour ainsi parler, machinalement — c'est-à-dire avec le minimum d'attention — un petit nombre de mouvements et d'évolutions. On doit donc obtenir à la fois un entraînement physique et des habitudes.

Malgré son intérêt, nous ne traiterons pas ici la question de l'entraînement qui exige une étude à part.

De ce qui a été dit précédemment à propos du dressage individuel et du dressage du groupe ressort que notre but, dans l'organisation de l'instruction pratique, sera double :

1° Arriver très vite à faire exécuter les mouvements utiles, de façon à pouvoir les répéter journellement pendant longtemps ;

2° Varier autant que possible les occupations de l'homme pour éviter le dégoût et le surmenage. Il existe un autre motif de grande valeur pratique, pour commencer aussitôt que possible et pousser pendant la première période les exercices d'assouplissement collectif et le service en campagne. D'une façon très générale dans nos garnisons de France, c'est seulement pendant la fin de l'automne et une partie de l'hiver qu'on peut manœuvrer dans la campagne. On ne doit pas perdre un jour pour profiter de ce précieux avantage.

Toutes les branches de l'instruction du jeune soldat (gymnastique et assouplissements, dressage de l'homme, dressage du tireur, dressage du groupe, service en campagne) seront donc commencées dès le début et poursuivies parallèlement.

D — Emploi du temps

Chaque journée d'instruction entre le réveil et le repas du soir devra comprendre pendant la première période d'instruction :

Un repos d'une heure au moins, en y comprenant le temps du repas du matin ;

Un certain temps pendant lequel les hommes sont à la disposition des gradés de la compagnie pour l'instruction intérieure — temps variable suivant l'emploi de la journée et assez long pendant les premières semaines.

Le reste du jour est consacré à l'instruction proprement dite qui comprendra une séance quotidienne de gymnastique et assouplissements et une autre de dressage du tireur. Dès la deuxième semaine on fera tous les jours également une séance d'instruction du groupe.

Pratiquement, presque tous les après-midi de beau temps (sauf un après-midi par semaine de nettoyage et repos et un autre, le samedi, de soins de propreté, revues et vérifications de l'instruction) seront employés en exercices extérieurs dans la campagne.

Ces exercices très variés doivent être organisés et dirigés avec soin, c'est là que se manifestera l'intelligence et la capacité des officiers de peloton.

Ils peuvent comprendre du « rang serré » sur les routes, de l'instruction du groupe, du service en campagne, en y comprenant l'utilisation du terrain et certaines parties de l'instruction du tireur, telles que : recherches d'objectifs, appréciation des distances, etc.

Ces longues séances de plein air et le dressage libre du soldat à travers champs constituent à la fois le meilleur de tous les entraînements et un procédé d'instruction excellent.

Dès le 1er décembre, on y joindra par semaine une séance de nuit et une marche sur route presque toujours coupée par un exercice en terrain varié.

Pour tous les exercices on prendra le sac d'abord vide puis peu à peu alourdi, suivant une lente progression.

Chaque dimanche, le capitaine remettra au chef de bataillon, non pas les prévisions pour l'instruction de la semaine qui commence — prévisions toujours vagues et mises en défaut par les circonstances — mais le compte rendu de l'instruction réellement donnée dans la semaine qui finit. Ce compte rendu aura la forme ci-après.

Instruction de la semaine écoulée du .... au ....

I — Instruction intérieure et théories

A. Par les gradés aux heures libres. { ....

B. Par les officiers . { soldats . . . . { ....
cadres . . . . { ....

C. Théories ou conférences surveillées (gradés ou hommes choisis) . . . { ....

II — Instruction militaire et manœuvre

A. Assouplissement et gymnastique . { ....

B. Tir . . . . { ....

C. Manœuvre { Instruction individuelle { ....
Instruction du groupe. { ....
Service en campagne. { ....

III — Anciens soldats

....
....
....
....

30ᵉ RÉGIMENT D'INFANTERIE

1ᵉʳ BATAILLON

Résumé de théories

Cahier n° 2

DRESSAGE DU TIREUR

Sommaire

DRESSAGE DU TIREUR

A voir combien le dressage du tireur en vue du combat est habituellement incomplet on serait tenté de croire que c'est un accessoire. C'est, au contraire, de toutes les parties de l'instruction, celle qui exige le plus de soin et doit absorber le plus de temps. Le peu d'importance qu'on lui donne souvent chez nous dans l'emploi du temps explique comment on peut voir parfois des capitaines embarrassés pour « occuper » leurs hommes et serait de nature à fortifier cette opinion, trop répandue dans le public, qu'il faut peu de temps pour former un soldat.

Il importe de réagir. Les principes qui nous guideront dans cette tâche sont les suivants :

Il n'y a point de tir collectif obéissant à des lois spéciales. Au combat, il y a des hommes qui tirent simultanément, chacun d'eux ayant l'intention d'atteindre pour son compte le but qu'il vise.

Parfois, l'homme peut être guidé dans le choix de la hausse, de l'objectif, etc... C'est le tir conduit. *Plus souvent, dans le combat offensif, il sera livré à lui-même.*

L'instruction du tir consiste donc à peu près entièrement dans l'instruction individuelle. Cette instruction, pour être utilisable au combat, doit être surtout du dressage.

Les règles de conduite du feu doivent être aussi simples que possible et il faut que l'homme soit habitué à se passer, le cas échéant, de la direction du chef.

Le règlement du 31 août 1905 assure à l'instructeur une très large initiative. Il s'agit seulement ici de préciser dans quel sens nous pourrons exercer utilement cette initiative.

I — Instruction individuelle

Plus encore pour le tir que pour toute autre partie de l'instruction, il importe de se rappeler que l'instruction individuelle se propose non pas d'uniformiser les hommes et de les couler dans le même moule, mais d'obtenir de chacun d'eux le maximum de rendement utile.

Nous chercherons donc à obtenir que chaque homme tire le mieux possible, sans attacher d'importance à ce qu'il tire « comme les autres ».

§ 1 — INSTRUCTION TECHNIQUE

Il s'agit d'apprendre à l'homme à bien tirer ; c'est donc surtout du dressage. Il n'y a qu'une méthode : arriver rapidement aux mouvements utiles et les répéter aussi souvent que possible.

La grande difficulté est d'amener le jeune soldat à répéter ces mouvements « utilement », c'est-à-dire à ne pas se contenter d'un simple simulacre. L'instructeur en conclura qu'il doit :

Faire comprendre aux hommes le pourquoi de chaque mouvement ;

Passer tout son temps à donner des « leçons particulières » en prenant les hommes successivement ;

Éviter le dégoût en faisant des séances fréquentes mais courtes et relativement variées ;

Concentrer ses efforts sur l'emploi utile des munitions allouées, car pour apprendre à bien tirer, le meilleur moyen est encore de s'exercer au tir.

1° *Exercices préparatoires*

Les exercices de pointage sur le chevalet doivent être proportionnés aux besoins de chaque homme. Les uns y devront être exercés longtemps alors que d'autres arrivent très vite à pointer correctement.

Dès qu'on a constaté qu'un homme pointe régulièrement, il est inutile de lui faire perdre son temps à regarder les maladroits.

Les *exercices de mises en joue* ont une grande importance. On ne fera pas d'exercices de mise en joue sans pointer, car c'est seulement en visant que l'homme constatera si sa mise en joue est bonne. Il faut donc arriver le plus vite possible au mouvement utile : « Viser un point dans une position indiquée. » Cet exercice sera répété tous les jours, le plus souvent possible dans la campagne, non seulement dans les positions réglementaires mais en utilisant les accidents du terrain et en insistant sur les positions habituelles du tir de combat (couché ou accroupi derrière des obstacles de peu de hauteur : crêtes, levées de terre, revers de fossé, etc.).

L'éducation de l'œil est un point capital, il importe de la commencer dès le début. Les points à viser, placés à courte distance et faciles à distinguer dans les premières séances, seront assez vite éloignés pour arriver à viser habituellement aux distances usuelles de combat : 400-800 mètres. On se servira souvent de silhouettes basses dont on peut varier la couleur et, surtout, on profitera de toutes les sorties pour faire viser sur les objets visibles dans la campagne, en particulier sur des hommes dans différentes positions.

Pour combattre la tendance naturelle à tirer trop haut, il est recommandé de choisir ses objectifs au ras du sol et de faire viser toujours le pied du but. L'arme dans le mouvement de « joue » devra arriver à l'épaule, le canon légèrement incliné vers le sol, et le tireur visera en relevant le bout du canon.

Le *dressage physique* du tireur consiste presque uniquement dans la répétition très fréquente de l'acte complet du tireur : « Charger, viser et tirer dans toutes les positions. » L'article 20 du règlement le définit parfaitement.

On insistera sur les positions incommodes (par exemple : approvisionner, charger et tirer couché derrière un abri de peu de hauteur) et il sera bon d'imposer aux hommes des séances assez longues de ces exercices en exigeant qu'ils chargent, visent et tirent sans interruption. La fatigue produite au bout de quelques minutes seulement de cet assouplissement suffit à montrer son utilité. Il peut être prolongé dix minutes, un quart d'heure, une demi-heure, en expliquant préalablement aux tireurs qu'ils auront à combattre ainsi parfois très longtemps.

2° *Exercices de tir*

Le tir réel est en somme le seul exercice complet de préparation au tir de combat ; c'est également le plus utile. Dans la pratique, on est limité par les allocations en cartouches ; il faut au moins mettre tous ses soins à les utiliser judicieusement.

Le tir n'est profitable qu'aux conditions suivantes :

Être de difficulté proportionnée à l'adresse du tireur. Un tir trop difficile, où il ne peut réussir que par hasard, ne sert qu'à le dégoûter;

Être organisé de telle sorte que les résultats puissent être facilement et sûrement constatés ;

Comporter une sanction, au moins morale, par l'intérêt qu'y prennent les officiers de la compagnie et les encouragements donnés aux bons tireurs.

Il est tout à fait inutile d'ailleurs de chercher à mener tous ses hommes du même pas. Le tir à distance réduite sera commencé très tôt pour certains d'entre eux, alors qu'on ne devra en conduire d'autres devant la cible qu'après une préparation plus longue. Il faudra donc connaître et surveiller la valeur actuelle de chaque tireur, dans la section d'abord puis dans la compagnie, si l'on veut faire une instruction fructueuse.

Les *tirs réels à distance réduite* constituent la meilleure instruction de début quand les circonstances permettent de les faire à loisir. On peut insister beaucoup sur ces tirs et en obtenir d'excellents résultats, à condition de ne demander à l'homme des tirs au but que quand ses groupements sont régulièrement bons. Il conviendra d'augmenter peu à peu la difficulté en modifiant la couleur et la taille des visuels.

On les remplace, quand il le faut, par des tirs réduits certainement moins avantageux, mais qui peuvent être plus nombreux.

Dans les *tirs d'instruction* on se propose d'amener le tireur à appliquer, aux distances pratiques, ce qu'il sait. S'il est vraiment confirmé dans le tir à distance réduite, c'est surtout une affaire d'œil. On tendra donc vers les portées extrêmes (300-400 mètres), mais en ne perdant pas de vue que l'homme doit pouvoir constater le résultat de presque tous ses coups. S'il perd trop de ses balles, on le ramène aux distances où il peut tirer utilement.

Le soldat ne peut profiter des *tirs d'application* que lorsqu'il sait se servir de son fusil. Nous ne l'admettrons donc à ces tirs que quand, jusqu'à 400 mètres, il mettra régulièrement 50 °/₀ de ses balles dans le cercle de diamètre égal au deux-centième de la distance.

C'est surtout dans l'organisation de ces tirs qu'il faut se rappeler qu'un tir trop difficile, dans lequel l'homme ne peut espérer le succès que du hasard, est sans utilité. Nos tirs d'application seront donc, au début, plutôt faciles et en tout cas proportionnés à la force de nos tireurs. Il n'est pas nécessaire que chaque soldat ait fait dans son année les mêmes tirs que ses camarades. L'important est qu'il profite de ceux qu'il exécute, car, malgré le titre de « tirs d'application », il s'agit en réalité de tirs d'instruction spéciaux.

L'importance du tir d'application ne fait d'ailleurs pas de doute ; c'est la transition nécessaire entre le stand et le combat.

L'homme doit y apprendre à tirer « dans des conditions se rapprochant du tir de guerre », c'est-à-dire :

a) Dans les positions pratiques, en utilisant les accidents naturels ou artificiels pour se défiler et appuyer son arme. Cela exige un aménagement, toujours facile, du champ de tir ;

b) Sur des objectifs de forme et de couleur différentes, se rapprochant des objectifs probables de guerre. Il est très utile, en particulier, d'imaginer des objectifs plus larges que hauts et toujours près de terre; par exemple des têtes ou des bustes formant une bande à la partie inférieure d'une grande cible, de préférence à des silhouettes séparées, afin de pouvoir constater les coups voisins du but. Il convient alors de couvrir la cible avec du papier gris ou jaunâtre se rapprochant de la couleur du sol;

c) Dans certaines conditions de tenue et de fatigue : tenue de campagne complète, après une marche ou un exercice violent ou encore après une séance prolongée de tir avec fausses cartouches;

d) En faisant lui-même les corrections nécessitées par l'emploi de la hausse de combat, par le vent ou par le mouvement du but.

Il serait certainement désirable de toujours user de la hausse de combat aux petites distances. Dans la pratique, à cause du petit nombre de cartouches à brûler et pour encourager l'homme en lui faisant obtenir de meilleurs résultats, on sera amené parfois, dans les tirs difficiles, à prendre la hausse exacte;

e) Enfin, en tenant compte de la durée. Il est très important d'habituer l'homme à tirer rapidement. Mais cela exige une éducation spéciale et quelques précautions.

On se gardera bien de faire intervenir le temps pour la première fois dans un tir difficile. Il convient, au contraire, de choisir un tir très facile dans lequel les résultats seront sûrement constatés, par exemple un tir à distance réduite. Chacun usera d'ailleurs des artifices qu'il jugera convenables. On peut conseiller le tir à commandement comme il se pratique pour le tir au pistolet, en donnant d'abord largement le temps de viser et n'accélérant que peu à peu.

En organisant les tirs d'application on tiendra compte des indications suivantes :

N'augmenter que progressivement la difficulté;

Donner à l'homme cette notion très importante qu'on tire vite sur un but facile et plus lentement sur un but difficile. On peut, pour se faire comprendre, employer des buts à éclipse de dimensions différentes, les plus petits restant visibles plus longtemps;

Ne pas se contenter de constater toujours le résultat obtenu en un temps donné, mais également le temps nécessaire pour obtenir un résultat déterminé : comme, par exemple, d'abattre deux ou trois silhouettes tombantes. C'est indiscutablement le meilleur moyen de donner la notion de « l'efficacité du tir ».

L'organisation de tirs réels appropriés aux besoins de l'instruction présente de sérieuses difficultés à cause de l'insuffisance de nos champs de tir. Le plus gros obstacle ne provient pas de leurs dimensions restreintes ou du mauvais outillage ; on peut sur presque tous organiser une série de tirs d'instruction et d'application à peu près suffisants. Ce qui rend, dans beaucoup de garnisons, l'instruction si difficile à conduire sérieusement, c'est le peu de temps accordé à chaque unité pour l'exécution de ses tirs.

Il est indispensable de proportionner la difficulté du tir aux moyens de l'homme ; c'est la base de tout dressage individuel raisonnable.

Cela exige qu'on organise plusieurs tirs différents pendant chaque séance accordée à la compagnie. Le capitaine se trouvera souvent dans l'impossibilité de le faire. Il n'y a qu'un moyen d'atténuer ce grave inconvénient, c'est de s'entendre entre compagnies.

Dès que les tirs d'instruction sont assez avancés pour qu'il soit possible de faire un classement sérieux des tireurs, les capitaines d'un même bataillon peuvent se réunir à la fin de la semaine et tomber d'accord sur l'organisation, pour la semaine suivante, de deux ou trois tirs de difficulté différente entre lesquels ils répartiront les tireurs suivant leurs besoins.

Cette atteinte à l'autonomie complète des compagnies n'est pas sans inconvénients, mais il sera souvent impossible d'agir autrement. En outre, l'obligation pour les capitaines de mettre fréquemment en commun, sous la direction du chef de bataillon, leurs idées sur l'organisation des tirs, présente quelques avantages.

§ 2 — INSTRUCTION TACTIQUE

La rédaction du règlement (§ 32 et suivants) peut donner lieu à un malentendu qu'il importe d'éviter. On ne doit pas confondre le tir de l'*homme isolé* avec le tir *individuel*.

L'homme peut être guidé dans certains cas par l'indication de la hausse, de l'objectif, du moment où il doit ouvrir le feu, etc. On dit alors que le tir est « conduit ». Dans d'autres cas, très fréquents au combat, il devra, même en groupe, se passer de ces indications et agir par lui-même. L'instruction tactique du tireur est destinée à lui apprendre ce qu'il doit savoir pour se servir utilement de son arme chaque fois que le tir n'est pas conduit.

C'est une partie très importante et trop négligée de notre préparation au combat ; elle exige beaucoup de temps. Cette instruction sera nécessairement donnée à plusieurs hommes à la fois. Elle doit être commencée dès le début avec celle du service en campagne et poursuivie toute l'année. D'ailleurs, l'expérience des tirs réels est nécessaire pour la compléter.

Ce que l'on veut apprendre aux hommes peut se résumer en deux questions :

Quand tirer ?

Comment tirer ?

1° Quand tirer ?

L'homme doit tirer en toutes circonstances avec l'intention d'atteindre. S'il n'y a pas suffisante probabilité d'atteindre, il ne tire pas. Il s'agit donc de donner d'abord au jeune soldat la notion de la « probabilité d'atteindre », puis de le mettre en état d'apprécier pratiquement cette probabilité.

La notion de la « probabilité d'atteindre » d'après la taille apparente du but et sa visibilité ressortira surtout des tirs réels. On devra dans les tirs insister sur ce point de vue, entretenir les hommes de ce sujet, leur montrer des groupements à différentes distances. On leur fera constater que la distance n'est pas le seul élément ; l'éclairage, la couleur, le mouvement du but modifient beaucoup les chances d'atteindre (silhouettes de différentes couleurs, en partie dissimulées, mobiles..., les mêmes à contre-jour, au crépuscule, etc.).

Cette notion étant acquise, comment l'appliquer ? Il faut apprendre d'abord à « voir » puis à apprécier si l'on doit tirer ou non, en se plaçant dans le cas général de l'homme au combat.

Le cas particulier de l'homme isolé est examiné à part.

Les exercices propres à obtenir ces résultats sont :

Recherches d'objectifs ; viser sur toutes sortes de buts ;

Appréciation par chaque homme s'il a chance d'atteindre.

L'appréciation des distances rentre dans ces exercices. On doit admettre que l'homme n'apprécie pas pour choisir sa hausse. Sauf de rares exceptions qu'il faut négliger, quand le tir n'est pas conduit, le soldat se sert toujours de la hausse de combat. S'il cherche à connaître la distance du but, c'est pour savoir s'il doit tirer et pour faire quelques corrections élémentaires (tirer un peu plus bas, un peu à droite ou à gauche).

L'homme n'a donc besoin que d'apprécier avec une approximation très large les distances usuelles de combat et nous ne devons lui demander que le nécessaire. Par des exercices très fréquents organisés avec des buts et sur des terrains variés, on peut espérer que le soldat se mettra « dans l'œil » un très petit nombre de distances, par exemple : 250, 500, 800 mètres. Ces distances lui serviront de repères et quand, ensuite, on lui présentera un objectif, il ne cherchera pas à en indiquer la distance mais seulement à dire s'il se trouve plus près ou plus loin qu'une des distances types.

Dans les exercices de recherche d'objectifs à travers la campagne, l'objectif étant découvert, on questionnera les hommes, y compris ceux qui ne voient pas pour une cause quelconque, sous une forme analogue à la suivante :

D. Tirez-vous ? *R.* Je ne tire pas.

D. Pourquoi ? *R.*
- Je ne vois pas ou je vois trop mal.
- C'est trop loin (au delà de 800 mètres).
- Ils sont trop peu pour la distance (quatre ou cinq hommes au delà de 500 mètres).
- Ils remuent trop vite, etc.

D. Tirez-vous ? *R.* Je tire.

D. Pourquoi ? *R.* { Groupe suffisant entre 500 et 800 mètres.
Objectif plus près que 500 mètres, etc.

Ces exercices doivent être variés souvent, mais il est très utile de répéter plusieurs fois le même par des temps différents et à des heures variables (pluie, brouillard, neige, crépuscule, etc.). On insistera sur les distances habituelles de combat (400-800 mètres); nous travaillons habituellement sur de trop petites distances.

On traitera à part le cas des hommes isolés, ou en très petits groupes (sentinelle double, patrouille) en montrant qu'alors le fait de tirer ou de ne pas tirer est toujours subordonné aux circonstances tactiques, quelle que soit d'ailleurs la probabilité d'atteindre.

Exemples : On tire, même sans aucune chance d'atteindre, quand il faut donner l'alarme et qu'on n'a pas d'autre moyen pour prévenir. On ne tire pas, même sûr de toucher, quand on veut cacher sa présence (patrouilles, embuscades).

C'est proprement du service en campagne.

2° *Comment tirer ?*

On laissera toujours l'homme choisir sa position. En la vérifiant, insister sur la nécessité de bien voir et de ne pas être vu. Si on ne voit pas ou si on voit mal, il faut se déplacer. Pour apprendre le défilement, un bon procédé consiste à faire travailler les hommes en deux groupes opposés.

On tire pour toucher. C'est la facilité d'atteindre le but qui règle la *vitesse*. Il faut viser avec plus de soin à mesure que le tir est plus difficile.

Si le but disparaît, on cesse de tirer.

Ce principe est la seule base de la discipline du feu pour une troupe livrée à elle-même. Il ne suffit pas de le faire comprendre, on doit, par un long dressage, le transformer en habitude pour qu'au combat il en reste quelque chose.

L'homme se sert toujours — à moins d'ordre contraire — de la hausse de combat. Mais il doit, suivant la distance, les circonstances atmosphériques ou les particularités de l'arme, faire quelques corrections élémentaires.

Dans les exercices d'instruction tactique du tireur, après lui avoir demandé : « Tirez-vous ? pourquoi tirez-vous ? » on lui fera indiquer le point qu'il vise, puis on vérifiera sa position et la rapidité de son tir, en exigeant d'une façon absolue qu'il cesse de tirer immédiatement dès que l'objectif disparaît.

3° Tirs de combat

Les tirs individuels de combat, tels qu'on peut les organiser habituellement, rentrent en partie dans les tirs d'application définis plus haut, en partie dans les premiers tirs du groupe dont il est question ci-après.

Faire choisir sa hausse à un homme isolé n'est pas à recommander ; au contraire, il est très utile de multiplier à toutes distances les tirs avec la hausse de combat.

La « probabilité d'atteindre » peut être soulignée en faisant apparaître des objectifs de dimension et de visibilité variées ; l'homme décidant s'il doit ou non tirer.

Les changements d'objectifs seraient très utiles aux distances usuelles du combat, mais on peut rarement les organiser utilement sur nos champs de tir et même dans les camps d'instruction.

II — Instruction du groupe

Le règlement du 21 août 1905 limite son action, en ce qui concerne l'instruction collective, au *groupe;* c'est-à-dire à un petit nombre d'hommes obéissant sans intermédiaire au même chef.

La force du groupe de combat est limitée par l'expérience. Nous avons admis comme type la section du temps de paix (demi-section de guerre), soit, pratiquement, vingt ou vingt-cinq hommes. Il peut être et sera souvent moins fort. Pour l'instruction, le groupe formé au début d'un très petit nombre d'hommes est amené progressivement à la force de la section du temps de paix.

La partie du dressage qui consiste à faire exécuter matériellement par les hommes un commandement — comme de prendre une certaine hausse ou d'ouvrir le feu quand l'ordre en est donné — n'est pas, à proprement parler, de l'instruction du tir, puisque la partie technique ne regarde que les cadres; il en est question plus loin. Pour la troupe, c'est un assouplissement semblable aux autres.

La partie vraiment importante et difficile de l'instruction du groupe est toute négative. Il s'agit d'obtenir que les hommes ne perdent pas, quand ils tirent ensemble, les habitudes prises dans le tir individuel. Cela veut dire que, conduit ou non conduit, chacun d'eux doit, en toutes circonstances, tirer avec la ferme intention d'atteindre pour son compte le but qu'il vise. La seule notion positive nouvelle à acquérir dans le tir du groupe est celle de la répartition du feu.

Les deux règles principales à enseigner pratiquement peuvent se formuler ainsi:

La valeur du tir du groupe dépend absolument de la valeur du tir de chaque homme. On doit donc toujours tirer pour son compte avec le même soin que si l'on était isolé;

Quand l'objectif à atteindre est large, ce qui est le cas général au combat, chacun doit tirer sur la partie du but qui est en face de lui, sauf s'il ne la voit pas ou s'il reçoit un ordre contraire.

Pour obtenir ce résultat, l'instruction de l'homme dans le groupe devra rester le plus longtemps possible « individuelle ». On ne fera donc pas de distinction tranchée, dans les exercices extérieurs, entre l'instruction tactique du tireur et celle du groupe. Les soldats seront exercés comme il est indiqué plus haut (instruction tactique du tireur) en groupes d'abord assez faibles pour que chacun d'eux puisse être facilement surveillé et interrogé.

Le groupe sera ensuite augmenté jusqu'à l'effectif de la section, sans aucun changement dans la manière d'interroger, de façon à donner cette impression que — quel que soit l'effectif — l'homme doit tirer pour son compte avec la même attention. Ces exercices de tir individuel « en groupe » seront poussés jusqu'à 600 à 800 mètres, sans que le chef intervienne autrement que comme instructeur, en vérifiant et en rectifiant la façon d'agir des tireurs.

C'est seulement ensuite et aux distances supérieures que l'on commencera les exercices de « tir conduit ». La distance seulement et non pas l'effectif du groupe détermine si le tir doit être conduit ou libre.

Dans ces séances de tir conduit on évitera soigneusement de transformer l'exercice en « maniement d'armes » — comme on le voit trop souvent — en faisant exécuter précipitamment de nombreux commandements de « telle hausse, tel objectif, commencez le feu, cessez le feu..... ». Cela n'a aucune importance réelle. L'instructeur, après avoir indiqué l'objectif et la distance, fera ouvrir le feu, puis laissera ses hommes s'installer et continuer leur tir pendant qu'il en interrogera individuellement le plus grand nombre possible ; vérifiant la position, la hausse, la partie de l'objectif visée, la rapidité du tir.

Il faut que les hommes aient cette impression que le tir conduit ne diffère du tir non conduit que par ce fait : la distance étant plus grande, c'est le chef du groupe qui décide s'il faut tirer ou non, qui reconnaît et désigne l'objectif et qui indique à chaque tireur, pour lui faciliter sa tâche, la hausse à employer.

Les exercices d'instruction du tir à l'extérieur doivent être préparés avec soin. Leur préparation demande du temps, du soin et de l'ingéniosité pour que les mouvements des groupes servant d'objectif permettent d'utiles observations et que les distances soient bien repérées. On doit encourager les compagnies à s'aider dans cette tâche et il n'y a aucun inconvénient à ce que plusieurs compagnies utilisent successivement le même exercice.

Pour tenir compte des enseignements concordants des guerres récentes, montrant la découverte de l'ennemi comme une des principales difficultés de l'attaque, on devra insister d'une façon toute particulière sur la recherche et le changement d'objectifs, en opérant fréquemment aux moyennes distances, 800 à 1 500 mètres, et quelquefois aux grandes distances.

§ 1 — TIRS DU GROUPE

Nos tirs seront proportionnés à la force des tireurs et organisés de telle sorte que les résultats obtenus soient connus de tous et puissent être comparés. Les groupes seront autant que possible formés de fractions constituées (section, demi-section, escouade, etc.) commandées par leurs instructeurs habituels.

Les hommes ne seront agglomérés que progressivement, et on fera tirer d'abord la file de deux hommes puis quatre ou cinq hommes, etc.

Dans les premiers tirs, il est avantageux d'avoir autant d'objectifs particuliers que d'hommes, de façon à faire ressortir dans le résultat total la part prise par chaque tireur.

L'homme sera libre de choisir sa position et, dans une limite fixée, son emplacement. Dès qu'il n'y aura plus une cible par homme, il devra en outre choisir son objectif et la répartition du tir entrera en ligne de compte. Le plus souvent possible on tiendra compte également du temps employé pour obtenir le résultat. Les artifices nécessaires pour faire entrer ces éléments dans l'appréciation du tir sont faciles à imaginer.

Dans tous les tirs non conduits la hausse de combat sera obligatoire.

Il sera souvent difficile d'organiser les tirs de groupe pour plusieurs raisons :

Limitation du nombre de cartouches à brûler ;

Insuffisance des champs de tir;

Manque de temps. L'unité ne disposant du champ de tir que pendant un temps très limité ne pourra pas exercer ses tireurs suivant leur adresse.

Ces inconvénients peuvent être atténués. Une grande partie des cartouches dépensées autrefois en « tirs de guerre » seront employées aux tirs de groupe qui, bien organisés, constituent la meilleure préparation au tir de combat.

Parmi ces tirs, les plus utiles sont ceux du petit groupe, sans autre hypothèse tactique que celle d'avancer sur l'ennemi en lui tuant du monde. L'outillage nécessaire peut être organisé à assez bon compte; il faut dans cet ordre d'idées se montrer ingénieux.

Enfin, la difficulté très sérieuse d'organiser des tirs différents suivant la force des tireurs a été examinée déjà. Les compagnies d'un même bataillon devront s'entendre entre elles.

A titre d'exemple, signalons l'organisation suivante d'un tir de groupe :

L'objectif est formé par plusieurs groupes séparés de silhouettes tombantes plus ou moins masquées et difficiles à voir, sur un front suffisant.

Le terrain, à partir de la distance extrême où l'on veut commencer le tir, est divisé en un certain nombre de tranches irrégulières de 50 à 100 mètres de profondeur. Les limites sont marquées par des fanions.

Le groupe faisant une marche d'approche dans la direction voulue est arrêté — au moment que choisit le directeur de l'exercice — par le tir supposé de l'ennemi. A partir de ce moment le chef du groupe a sa liberté, sous cette condition qu'il ne peut passer d'une zone dans la suivante avant d'avoir abattu une ou plusieurs silhouettes de chacun des groupes de la ligne d'objectifs.

Il est facile de varier et d'insister sur le temps, sur les munitions consommées, sur le terrain gagné, etc. On peut également fixer une limite à partir de laquelle le feu ne sera plus conduit.

§ 2 — INSTRUCTION DES CADRES

Dans l'instruction des cadres, il faut considérer :

La préparation à leurs fonctions d'instructeurs du tir ;

La préparation à leur rôle dans la conduite du feu.

Ayant admis que c'est la valeur de chaque tireur pris individuellement qui fait l'efficacité du tir, nous conclurons sans hésiter que la préparation aux fonctions d'instructeur est la plus importante. Les considérations précédentes nous dispensent d'en parler davantage.

La préparation en vue de la conduite du feu comprend elle-même deux parties :

Instruction tactique, destinée à guider la décision du chef de groupe ;

Méthodes pratiques à employer pour conduire le tir et pour faire l'instruction du groupe en conséquence.

L'instruction tactique des cadres est, en somme, très analogue à celle des tireurs et se donne dans des exercices semblables, avec cette seule différence que les distances seront plus grandes. Il s'agit toujours de découvrir des objectifs et d'estimer la probabilité d'atteindre.

Dans la décision (Faut-il tirer ? Comment tirer ?) entreront, il est vrai, plus d'éléments. L'appréciation ou la mesure des distances et le choix de la hausse prennent, à cause de la distance, une place prépondérante dans la probabilité d'atteindre. En outre, la situation tactique déterminant le résultat à obtenir entrera toujours en ligne de compte.

Dans l'instruction théorique des cadres, il convient d'éviter autant que possible les considérations de « gerbes » et de « noyaux », ou au moins d'indiquer que ces mots sont simplement des images ne répondant à aucune réalité. Il est possible d'ailleurs et préférable de dire simplement : Si l'on fait tirer sur un polygone des hommes moyennement instruits, à telle distance, avec la hausse exacte, chacun d'eux aura une certaine chance d'atteindre un but de hauteur donnée. A la même distance, avec telle erreur de hausse, la chance est réduite à la moitié ; avec telle autre erreur, au dixième, etc. Comme la probabilité d'atteindre, pour un groupe, n'est que la somme des probabilités individuelles des tireurs qui le composent, il est facile d'estimer, pour une distance donnée, à partir de quelle erreur de hausse le tir n'aurait plus aucune valeur.

Il nous reste à examiner le rôle du gradé chef de groupe dans les exercices collectifs de tir conduit.

Nous avons admis les principes suivants :

Le chef au combat exercera son action sur le feu de ses hommes d'autant plus longtemps que cette action sera plus simple et réduite aux choses nécessaires.

Il s'agit en réalité non pas de « conduire le feu » mais de conduire et de diriger des hommes qui tirent. Il est plus important de mettre ses hommes dans de bonnes conditions matérielles et morales pour tirer que de faire des commandements « justes ».

Il arrivera souvent que, pour le tir, le soldat au combat sera réduit à ses propres moyens.

En conséquence, dans les exercices du groupe en vue du tir de combat, on devra : Supprimer tout ce qui n'est pas nécessaire; insister sur les points vraiment utiles; habituer l'homme à agir par lui-même. En particulier :

La position à prendre ne sera pas indiquée. Le soldat doit choisir lui-même celle qui lui permet de se défiler et de tirer à l'aise. Rien n'est plus invraisemblable et inutile que de commander « Couchez-vous », à chaque bond.

Quand l'ennemi sur lequel on tire disparaît, il ne faut pas commander : « Cessez le feu » ; mais exiger que les hommes cessent de tirer d'eux-mêmes.

La hausse ne sera indiquée que quand elle diffère de la hausse de combat. D'ailleurs, dans les exercices extérieurs on n'ordonnera jamais une hausse inférieure à la hausse de combat.

On prendra l'habitude de cesser toujours de conduire le feu aux petites distances (400, 600 mètres).

Il conviendra d'insister, au contraire, sur la « reconnaissance » de l'objectif. Faire voir aux combattants le but sur lequel ils doivent tirer est un point difficile et très important. On surveillera également la répartition du tir dont on se désintéresse trop souvent.

Reste la question de la *Discipline du feu.*

Il faut savoir qu'un commandement ne suffira jamais pour empêcher de tirer un homme qui reçoit des balles et qui voit ou croit voir celui qui les envoie. On devra donc l'aider à obéir en le mettant dans une situation telle qu'il ne puisse pas tirer, ou au moins en le maintenant dans une formation où il n'a pas l'habitude de tirer.

La discipline du feu se résume en deux règles :

L'homme non conduit ne tire que quand il peut le faire utilement (discipline individuelle);

L'homme conduit ne tire que sur l'ordre de son chef (discipline collective).

Nous avons indiqué déjà les habitudes propres à favoriser la discipline individuelle :

Ne jamais tirer quand on ne se voit pas. Tirer toujours avec la volonté d'atteindre, c'est-à-dire d'autant plus posément que l'objectif est plus difficile.

Pour faciliter la discipline collective, nous prendrons dans nos exercices les habitudes suivantes :

Exiger qu'à chaque arrêt, l'homme disparaisse complètement derrière son abri et ne prenne sa position de tir que sur l'ordre du chef, au moment d'ouvrir le feu. S'il n'y a pas d'abri et qu'on soit à distance de tir, ouvrir le feu immédiatement.

Pour faire cesser le feu, faire disparaître l'homme derrière son abri. S'il n'y a pas d'abri — pour cesser le tir, il faut se porter en avant ou au moins changer de place.

Dans les marches d'approche ou dans la marche des soutiens en arrière de la ligne de feu : ne jamais déployer d'avance en tirailleurs autrement que pour un temps très court, comme procédé de cheminement. A chaque arrêt, tenir son groupe rassemblé et caché de façon que les hommes ne voient pas en avant.

Le feu à cartouches comptées peut être utile à condition que les hommes soient cachés. On commande alors un feu limité à un très petit nombre de cartouches (1 à 3) que l'on fait d'avance tenir à la main ou poser à terre. Dès que ces cartouches sont tirées, l'homme reprend son abri.

Agir de même pour les feux rapides « à éclipse » ; les hommes se levant dans leur tranchée ou derrière leur abri le temps nécessaire pour faire le tir commandé.

Dans les exercices de combat il faut nécessairement limiter le nombre des cartouches à blanc pour chaque tir ; mais on exigera qu'ensuite l'homme continue à tirer sans cartouches à blanc tant que le feu ne doit pas cesser.

Observations. — Habituellement, notre instruction en vue du combat est très négligée en ce qui concerne le tir, alors que c'est au contraire la partie qui devrait absorber le plus de temps.

Dès qu'il ne s'agira plus d'assouplissements proprement dits, les exercices de combat dans la compagnie seront surtout des exercices de feu. On ne cherchera pas à mener le combat dans son entier; deux ou trois bonds peuvent suffire à un exercice. Mais on aura préparé d'avance avec soin la figuration de l'ennemi qui pourra varier, être renforcé, avancer ou reculer, disparaître, etc. Les arrêts seront très longs pour surveiller et interroger un grand nombre d'hommes. Les autres y trouveront l'occasion de faire de longues périodes de tir avec fausses cartouches.

Ainsi limités, ces exercices permettront d'utiliser dans la campagne des espaces libres restreints séparés de l'emplacement de l'ennemi par des terrains cultivés ou infranchissables.

On insistera sur les distances habituelles de combat (800, 500 mètres).

30e RÉGIMENT D'INFANTERIE

—

1er BATAILLON

—

Résumé de théories

Cahier n° 3

ASSOUPLISSEMENT

DE LA SECTION ET DE LA COMPAGNIE

en ordre dispersé

ASSOUPLISSEMENT EN VUE DU COMBAT DE LA SECTION ET DE LA COMPAGNIE

Le dressage des troupes en vue du combat a pour but de former un outil de guerre solide et souple, d'un maniement sûr et facile.

L'instruction des officiers a pour but de leur apprendre à manier cet outil et à en tirer tout ce qu'il peut donner.

En ce qui concerne la conduite du combat, l'instruction des officiers peut et doit se limiter à quelques principes, basés sur l'expérience, destinés à éclairer leurs décisions et à régler leur initiative.

Le dressage des troupes, au contraire, ne pouvant s'obtenir que par la répétition fréquente des mêmes mouvements, doit reposer sur une réglementation plus précise. Parmi les procédés possibles de combat, de cheminement, de tir, etc., il faut donc faire un choix, traduire ces procédés en règles et transformer ces règles en habitudes par une application répétée. L'ensemble des procédés ainsi choisis et enseignés constitue la tactique de détail de l'arme. Le rôle des règlements est d'en fixer les lignes principales.

L'assouplissement collectif est une partie notable du dressage; son importance s'est considérablement accrue par suite des nécessités nouvelles du combat.

Nos règlements ne sont pas très explicites à ce sujet, en ce qui concerne l'ordre dispersé; ils laissent d'ailleurs une initiative très large aux instructeurs. Il s'agit ici seulement de choisir, parmi les mouvements ordonnés ou autorisés par le règlement, ceux qui sont de nature à rendre les unités inférieures souples et propres au combat, pour y insister dans notre instruction et en donner « l'habitude » à la troupe.

Les indications qui suivent concernent :

1° L'assouplissement de la section (groupe de combat). Nous userons ici du mot « section », en observant que tout ce qui suit s'applique à n'importe quel groupe d'hommes obéissant sans intermédiaire au même chef.

L'effectif de la section de paix ou de la demi-section de guerre (20-25 hommes) paraît d'ailleurs être le maximum pour un groupe de combat facilement maniable.

2° L'assouplissement de la compagnie (plusieurs sections obéissant au même chef).

I — Assouplissement de la section

Les exercices d'assouplissement doivent, par une répétition fréquente, devenir aussi familiers aux hommes que le tir ou le maniement d'armes. Ils ne comprennent que des mouvements élémentaires pouvant être exécutés sans aucune hypothèse tactique. Ce dressage du groupe en vue du combat doit devenir une des pièces principales de notre instruction.

§ 1 — DÉPLOIEMENTS

La section étant dans une formation quelconque, la déployer dans une direction quelconque

Insister sur le déploiement direct en tirailleurs de la colonne par quatre ou par deux.

Observations. — Le passage d'une formation de marche ou de rassemblement à une formation en ligne mince constitue la base de tout dressage de troupe en vue du combat. On doit, par des exercices très fréquents, arriver à ce que les hommes se déploient rapidement, sans désordre et face au point indiqué.

On omettra de parti pris les déploiements sans indication d'objectif ou perpendiculaires à la direction de marche — qui ne sont que des cas particuliers — pour se déployer toujours « face à quelque chose ».

Les déploiements alterneront avec les rassemblements sur un ou deux rangs, de pied ferme ou pour continuer la marche.

On se rassemble toujours derrière l'instructeur qui fait face lui-même au point qu'il indique comme direction.

Le déploiement sur un rang sans intervalles (qu'on considère trop souvent comme déploiement normal) ne doit pas être l'unique, ni même le principal objet de ce dressage. La ligne pleine ainsi obtenue est trop serrée pour marcher, utiliser le terrain et tirer à l'aise.

Il faut exercer les hommes, par une pratique de tous les jours, à se déployer et à marcher en ligne plus ouverte.

Chaque déploiement à intervalles ouverts exigerait, pour devenir rapide et régulier, un assouplissement spécial.

On se limitera pratiquement à un petit nombre d'intervalles qu'on rendra familiers aux hommes par une répétition fréquente.

Nous en choisirons deux :

Le déploiement à deux pas qui convient très bien pour une ligne dense ; il sera notre déploiement habituel.

Le déploiement à cinq pas qui, sans être encore très difficile à obtenir, constitue déjà une ligne souple, assez peu vulnérable et difficilement visible aux grandes distances.

N. B. — Dès que la section est en tirailleurs, la position habituelle est la position « couchée ».

§ 2 — MARCHES

Exercices de marche sur d'assez grands espaces, plus particulièrement en ligne déployée à deux pas et à cinq pas (les faire, quand c'est possible, sur terrains difficiles ou sous bois ; à chaque arrêt faire coucher).

Observations. — Ne pas perdre une occasion de faire appliquer par tous le principe majeur (trop souvent perdu de vue) de nos règlements actuels. Tout le monde doit connaître la direction de marche, lui faire face et marcher droit dessus ; c'est le principal. Le devoir pour chaque homme de marcher à peu près à hauteur de ses voisins et de chercher à conserver son intervalle du côté du guide ne vient qu'après.

§ 3 — CHANGEMENT DE DIRECTION

La section étant déployée, lui faire faire face instantanément dans une direction quelconque

Ce mouvement sera habituellement suivi de l'ouverture immédiate du feu.

Observations. — Obtenir que le mouvement se fasse très rapidement et que les hommes se trouvent bien face au point indiqué. Dans une section nombreuse, habituer la demi-section de pivot à ouvrir le feu sans attendre que toute la section soit placée.

§ 4 — CHEMINEMENT PAR BONDS SUCCESSIFS

1° Porter en avant la section déployée (au combat)

A — Faire faire un bond à la section entière

La section étant couchée sur sa position, il doit s'écouler le moins de temps possible entre le moment où les hommes se lèvent et celui où ils sont de nouveau couchés sur la position suivante.

Aucun mouvement préalable, aucun bruit sur la ligne ne doit faire soupçonner que la section va se lever.

Observations. — On peut agir comme il suit : Le chef de section et les gradés sont derrière leurs hommes, dans la même position ou au moins complètement dissimulés.

Le chef de section prévient qu'on va se porter en avant, donne les indications qu'il peut donner sur la direction, la nouvelle position à occuper et même, le cas échéant, sur le feu à ouvrir en arrivant. Ces indications sont répétées à mi-voix par les chefs de la demi-section et les gradés, les hommes se les communiquent entre eux.

Ceci fait, le chef de section donne un coup de sifflet ou commande « En avant », se lève, se porte en avant à la course, toute la ligne le suit. Ayant atteint la position à occuper, le chef de section se jette à terre, tout le monde l'imite.

On doit obtenir que les mouvements de se mettre debout et de se terrer soient faits très rapidement et sans hésitation.

B — La section étant déployée, la porter sur une autre position en avant par petits groupes

A l'instruction on fera habituellement des groupes de quatre ou cinq hommes entraînés par un gradé ou un soldat choisi.

Observation. — On peut exécuter comme il suit :

Le chef de section indique à un gradé sûr le nouvel abri à atteindre. Le gradé prend avec lui trois ou quatre hommes (ces hommes seraient choisis, en réalité, parmi les plus braves et les plus vigoureux), s'y porte à la course suivi de ses hommes et s'établit au point où devra se trouver la droite (ou la gauche) de la section.

Le chef de section fait ensuite partir successivement ses groupes de quatre ou cinq hommes en leur indiquant s'ils doivent se porter à la gauche ou à la droite des groupes déjà établis. Il part avec le dernier groupe.

Les hommes de chaque petit groupe ne doivent pas, pendant le trajet, se pelotonner ni se suivre en file mais, au contraire, se déployer en éventail pour former une ligne ouverte. Il est bon de les habituer également à ne pas se grouper en paquet à l'arrivée, mais à occuper le nouvel abri de façon que chacun y soit à l'aise pour tirer.

On indiquera si le tir doit être repris par chaque petit groupe dès qu'il est placé ou si les hommes doivent attendre, complètement dissimulés, que toute la section soit réunie.

2° *La section étant abritée, la rassembler derrière un autre abri en traversant une zone dangereuse (marche d'approche)*

A — Par petits paquets

Comme ci-dessus. Les hommes se rassemblent derrière le nouvel abri.

B — En file indienne très ouverte, les hommes se suivant à cinq ou dix pas

Ce mouvement est d'une application très fréquente en pays coupé et pour utiliser les cheminements étroits (haies, fossés...).

Obtenir que les hommes partent à leur distance sans perte de temps et ne forment pas de paquets en se rejoignant pendant le trajet. Les habituer à utiliser les abris de peu de hauteur et les coupures peu profondes en courant ou en marchant penchés en avant.

C — En ligne très ouverte (cinq pas et quelquefois plus)

Suivant le front dont on dispose, on fait partir par groupes plus ou moins nombreux (escouade, demi-section), préalablement déployés avant de quitter l'abri, à larges intervalles; chaque ligne se mettant en mouvement dès que la précédente est terrée, si la distance est petite (moins de 100 mètres).

Si la distance est plus forte on peut faire suivre les lignes à 100 ou 150 mètres.

Exercice à faire à la course pour les petites distances, sans courir si la distance est forte.

N. B. — 1° Avoir toujours la préoccupation d'activer le mouvement. Les formations trop diluées causent une telle perte de temps qu'avec de gros effectifs elles deviendraient souvent impossibles.

2° Ne jamais omettre de rassembler son groupe chaque fois que cela est possible.

§ 5 — OCCUPATION DES POSITIONS DE TIR — FEUX

Exiger qu'après une marche ou un bond les hommes s'arrêtent toujours en arrière de la crête ou de l'abri à occuper, et disparaissent complètement en se couchant pour souffler pendant que le chef, dissimulé de son mieux, observe et donne s'il y a lieu les indications pour le tir.

Cette règle est générale.

Quand le feu doit commencer, l'emplacement de tir, sur l'ordre du chef de section, est atteint en rampant de façon à se montrer le moins possible et seulement au moment de tirer.

Exercer les hommes à disparaître complètement sur un signal puis à reprendre le feu de la même façon.

En principe, pour le tir, les files seront ouvertes à deux pas, ce qui correspond à un homme par mètre. Si l'on veut étendre sa ligne on le fera plutôt en formant plusieurs groupes séparés qu'en élargissant trop les intervalles entre les hommes. On habituera cependant les hommes à garnir une ligne à intervalles plus ouverts (cinq pas).

Exercice de feux rapides. — Les hommes étant couchés ou à genou, complètement abrités derrière une crête, une tranchée, un fossé, etc. : faire approvisionner, donner les indications nécessaires pour le tir. Au signal du sifflet les hommes se lèvent, font une rafale courte et aussi violente que possible (généralement debout, feu à répétition), puis, à un second coup de sifflet, disparaissent derrière leur abri. Ce procédé doit être rendu familier aux hommes. Ces feux rapides « à éclipses » complètes constituent l'arme de la défense rapprochée.

N. B. — Cette habitude donnée aux hommes de se tenir habituellement tout à fait dissimulés en arrière de la position de tir et de n'occuper cette position que sur un ordre du chef, puis de disparaître de nouveau, est extrêmement importante. C'est peut-être le seul moyen pratique de régler la consommation des munitions et d'obtenir la discipline du feu.

Observation générale

Les exercices d'assouplissement de la section ou du groupe doivent être dirigés toujours par un officier. Les faire moins longs mais très sérieusement ; répéter le même plusieurs fois de suite jusqu'à exécution parfaite.

Faire comprendre aux sous-officiers et aux hommes l'utilité de cette instruction. Expliquer à quoi peut servir chacun d'eux. Enfin et surtout profiter de toutes les occasions pour les appliquer au cours des manœuvres et exercices de combat.

II — Assouplissement de la compagnie

Le dressage de la compagnie en vue du combat vise surtout l'instruction des chefs de section. Il est destiné, non pas, comme l'assouplissement du groupe, à faire exécuter correctement par les hommes certains mouvements élémentaires, mais plutôt à rendre familières, par une application répétée, certaines règles de solidarité.

La compagnie est un ensemble de plusieurs sections dont le capitaine se sert comme il l'entend, en vue du but à atteindre. Dans chaque cas particulier, les intentions du capitaine étant connues, le chef de section use, pour les remplir, des procédés auxquels il a préalablement dressé sa section (assouplissement du groupe).

Souvent, pour marcher et combattre, la compagnie sera fractionnée en groupes plus petits que la section. Il est donc très utile, dans les assouplissements, de s'exercer parfois à conduire plus de quatre groupes.

§ 1 — DÉPLOIEMENTS

La compagnie ne se déploie pas habituellement tout entière à la fois en tirailleurs. Les sections se déploient, chacune pour son compte, face à la direction prescrite et en prenant entre elles l'intervalle indiqué.

Il peut être nécessaire cependant d'agir par le feu le plus rapidement possible dans une direction donnée ; par exemple en cas de surprise ou d'attaque de cavalerie. Il y a donc lieu d'appuyer sur les mouvements qui permettent d'obtenir ce résultat.

1° *La compagnie étant dans une formation de marche ou de rassemblement, la former en ligne dans une direction quelconque*

Les sections étant assouplies, tout dépend de la présence d'esprit des chefs de section. Insister sur la rapidité du déploiement.

Il est inutile que toutes les sections se portent sur le même alignement pourvu que chacune d'elles s'établisse face au point indiqué et que toutes puissent tirer. Dans ce but, il convient de prendre toujours un certain intervalle entre les sections.

Ce mouvement sera généralement suivi d'un feu rapide, chaque section commençant le feu aussitôt qu'elle est placée.

On peut faire faire quelquefois des déploiements immédiats avec feux rapides en partant de formations de rassemblement, faisceaux formés, rangs rompus.

2° La compagnie étant déployée, lui faire faire face à un point quelconque

Mêmes observations que ci-dessus. Très souvent on établira dans la nouvelle direction une partie seulement de la compagnie.

§ 2 — MARCHES D'APPROCHE

1° Faire marcher la compagnie entière en formation ouverte

A — Toutes les sections à la fois

La formation dépend naturellement des circonstances. Les sections peuvent marcher sur une seule ligne, en échiquier, en échelons, etc. Chaque section étant en ligne ou en colonne (dans ce cas, de préférence, en colonne par deux), et libre d'ailleurs de changer momentanément sa formation suivant les besoins de la marche.

A l'instruction et quelle que soit la formation, prendre habituellement des intervalles au moins triples du front de la section sur deux rangs. Marcher sur d'assez longs parcours quand le terrain s'y prête.

Observations. — Tout le monde doit connaître la direction. Si le point désigné par le capitaine n'est pas assez éloigné, le chef de section en choisit un pour lui un peu à droite ou à gauche suivant sa place par rapport à l'unité de base, et l'indique à ses hommes.

Les intervalles et les distances sont conservés dans l'ensemble du mouvement, mais il ne faut pas chercher la rigidité du dispositif et lui laisser toujours, au contraire, une certaine élasticité.

B — Les sections marchant successivement

Le capitaine indique la direction, les intervalles, le nombre de sections qui doivent marcher à la fois et, s'il le juge à propos, leur formation.

A l'instruction on peut insister sur le procédé suivant.

Les sections, généralement en colonne par deux, sont placées à intervalles aussi larges que le permet le terrain ou la zone de marche attribuée à la compagnie. Une seule section marche à la fois; dès qu'elle est terrée, une autre se lève et fait un bond dans la direction indiquée en ayant soin de dépasser très sensiblement les sections arrêtées. Les bonds doivent être assez longs et le mouvement se fait habituellement sans courir.

Observations. — 1° On remarquera que pratiquement ces déplacements en « dispositif ordonné » exigent des terrains facilement praticables et des circonstances favorables. Mais comme ils ont l'avantage d'une moindre perte de temps et d'une certaine régularité qui retarde le désordre, il est bon de s'y exercer. D'ailleurs ils peuvent rendre de grands services en plaine, sous la menace du canon, quand la zone de marche est limitée strictement par les troupes voisines.

2° Dans les approches, quand on redoute surtout le feu de l'artillerie, les intervalles entre les sections seront aussi larges que possible ; la formation de chaque section importe d'ailleurs assez peu. La colonne par deux est souvent employée parce qu'elle est commode pour la marche et difficile à repérer de loin. Le but doit être : rendre difficile et incertain le réglage du tir; prendre ses précautions contre le repérage préalable. Un bon moyen est de tenir toujours ses sections à inégale hauteur et ne jamais faire aborder un accident du sol pouvant servir de repère (crête, haie, route, ligne d'arbres, etc.) par tous ses groupes à la fois.

2° *Gagner du terrain en avant à travers une zone dangereuse*

A — Marche dissimulée de la compagnie entière

Faire marcher la compagnie entière sur de longs parcours à travers la campagne vers un objectif fixé d'avance en utilisant tous les cheminements défilés.

Les principes qui doivent guider dans le choix des formations et la conduite du mouvement sont les suivants :

Garder sa compagnie dans la main et perdre le moins de

temps possible (ce dont habituellement on ne s'inquiète pas assez);

Pouvoir utiliser les cheminements de toutes natures en restant prêt à s'élargir très vite s'il faut traverser quelque passage dangereux ou combattre.

On marchera presque toujours en ligne de sections; formation très souple, facile à conduire et pouvant se mouler dans les cheminements les plus étroits (puisqu'elle peut ne présenter que quatre hommes de front, les sections étant en colonne par un) ou, au contraire, s'étaler très rapidement pour aborder sur un grand front les passages dangereux.

Cet assouplissement — extrêmement utile d'ailleurs — correspond plutôt aux mouvements des troupes de seconde ligne sur le champ de bataille (réserves, renforcements, etc.) qu'aux approches proprement dites.

B — Faire marcher la compagnie ouverte, chaque section pour son compte

C'est la véritable marche d'approche préparatoire au combat et — pourrait-on dire — la marche type des unités en première ligne dans le voisinage de l'ennemi.

Le capitaine indique l'objectif (qui peut être lointain et non vu), puis il montre le point ou la ligne du terrain à atteindre dans le premier bond; ce point atteint, il en donnera un second et ainsi de suite.

Il fixe ensuite un intervalle approximatif entre les sections ou indique sommairement à chaque section son itinéraire et désigne celle avec laquelle il marchera.

Si toutes les sections ne doivent pas partir ensemble, il prévient celles qui devront marcher en arrière (deuxième ligne ou échelon) en donnant une distance approximative.

Enfin, si la compagnie est supposée encadrée, il limite sur le terrain la zone de marche qui lui est attribuée.

Chaque section (ou groupe de marche) est alors libre de ses mouvements aux seules conditions suivantes :

Marcher sur le point indiqué en utilisant le terrain et en perdant le moins de temps possible ;

Ne pas se jeter sur les sections voisines ni sortir de la zone de marche;

Dès qu'on a atteint la ligne de terrain fixée pour le premier bond, envoyer prendre les ordres du capitaine.

Cet exercice — un des plus profitables qui soient et qu'on peut beaucoup varier — doit être répété souvent sur de longues distances à travers la campagne. L'instructeur ne perdra pas de vue que — comme pour tous les exercices de cheminement et d'utilisation du terrain — sa place est souvent au point supposé occupé par l'ennemi, regardant venir sur lui sa troupe; c'est le meilleur moyen de relever les fautes commises.

§ 3 — COMBAT

La compagnie déployée en tirailleurs ayant ouvert le feu, faire avancer la chaîne

La direction du mouvement est, dans la réalité, à peu près impossible. Chacun connaissant l'objectif à atteindre et n'ayant pas d'autre préoccupation que de gagner du terrain en avant pour atteindre cet objectif, les groupes avancent comme ils peuvent et quand ils peuvent.

Aussi le dressage en vue de cette phase aiguë du combat ne peut-il avoir pour but que de rendre familiers aux hommes et aux gradés certains principes très simples destinés à guider leur initiative et à assurer leur solidarité.

Les plus importants de ces principes sont les deux suivants :

1° Quand on arrive à distance décisive de tir (entre 1 000 et 700 mètres en terrain découvert) la marche en avant d'une fraction de la ligne de combat n'est rendue possible que par le feu des fractions arrêtées;

2° Pendant toute la durée du mouvement en avant, le feu des fractions arrêtées doit dominer celui de l'adversaire de façon à le rendre peu efficace (conserver la supériorité du feu).

On peut de ces principes tirer ces conséquences pratiques :

1° La marche en avant de chaque groupe doit pouvoir se

faire sans gêner le tir des autres. On constituera donc la chaîne par groupes toujours nettement séparés, à intervalles aussi grands qu'on pourra.

Le chef d'un groupe au combat doit toujours observer les groupes voisins. Il choisira pour se porter en avant le moment où les autres ont ouvert le feu.

Dès qu'il verra un autre groupe se lever pour marcher, il fera reprendre ou accélérer le tir de ses hommes ;

2° Dans la réalité beaucoup d'éléments entrent en ligne de compte pour déterminer la supériorité du feu.

Nous sommes obligés, à l'instruction, de laisser de côté les plus importants (facteurs moraux).

La supériorité du feu étant obtenue, doit être conservée pendant tout le temps qu'on avance. Les fractions qui marchent ne tirent pas ; on ne peut donc compter, à un moment donné, que sur les fusils des fractions arrêtées. Pour résoudre le problème, il suffira par conséquent de ne faire avancer à la fois qu'un nombre de groupes déterminé, de telle sorte que les groupes ne marchant pas suffisent à chaque instant pour s'assurer la supériorité sur le feu de l'ennemi.

Exemple : Soit une ligne de 4 groupes de 25 fusils.

Si 50 fusils sont suffisants pour garder la supériorité du feu, on pourra faire marcher la moitié de la ligne à la fois (50 fusils tirant, 50 marchant).

S'il faut 75 fusils, on fera marcher un seul groupe à la fois, les trois autres tirant.

S'il faut 100 fusils, l'attaque ne peut plus avancer sans être renforcée.

N. B. — Il importe de ne pas exagérer la valeur de semblables calculs, et ce serait une grave erreur de croire que les choses se passeront habituellement ainsi. Le rôle de prendre et de conserver la supériorité du feu pendant la marche en avant reviendra pour une part très importante à l'artillerie. En outre, on pourra parfois profiter de la dépression subsistant chez l'ennemi quelques instants après la cessation d'une rafale pour faire un bond toute la ligne à la fois, et une supériorité morale bien marquée permettra de conduire l'attaque avec moins de méthode et plus de rapidité. C'est ce qui arrivera le plus souvent dans les dernières phases du combat.

Mais il est indispensable de graver, par de fréquentes applications, dans l'esprit des cadres et des soldats ces deux principes majeurs du combat d'infanterie. « On n'avance que par le feu. La supériorité du tir doit être conservée pendant toute la durée du mouvement en avant. » L'habitude de toujours subordonner le mouvement en avant aux mesures propres à réaliser et à conserver la supériorité du feu est un procédé d'instruction à recommander dans ce but.

A l'instruction, le capitaine peut agir comme il suit :

Après la marche d'approche, faire occuper la ligne qu'il considère comme sa première position de tir, par un certain nombre de groupes bien séparés, à intervalles larges, les autres en soutien à 200-300 mètres.

Faire ouvrir le feu.

La supériorité du tir étant supposée obtenue, commencer le mouvement en avant par fractions d'abord importantes (par exemple la moitié des groupes à la fois) puis de plus en plus restreintes (à mesure que la supériorité est supposée plus difficile à réaliser) jusqu'à faire marcher un seul groupe à la fois.

Continuer ensuite en renforçant.

Chaque groupe fera son bond soit tout à la fois, soit (quand le terrain s'y prête) par petits paquets. Ces bonds, faits à la course, doivent nécessairement être courts.

N. B. — Le peu de longueur des bonds est nécessité par plusieurs raisons. Ne pas perdre de vue qu'il serait beaucoup plus avantageux de les faire longs, et que dans la réalité il faudra les faire aussi longs que possible.

Dans ces exercices qu'on peut varier, quels que soient les procédés employés, exiger toujours :

Que jamais un groupe ne marche sans que les autres tirent ;

Qu'un groupe marchant ne gêne pas le tir des autres, car alors il vaudrait mieux faire marcher tout le monde à la fois ;

Que dès qu'un groupe se lève, les groupes voisins accélèrent le tir.

§ 4 — RENFORCEMENTS. MARCHE DES SOUTIENS

Les soutiens (réserves de première ligne) sont destinés non pas à « pousser » en avant la ligne de combat, mais à la ravitailler en hommes et à lui permettre de reprendre la supériorité quand elle ne peut plus avancer.

Les troupes de réserve, jusqu'au moment où on les met au feu, doivent rester disponibles — c'est-à-dire à l'état de troupes cohérentes obéissant à leurs chefs — et être tenues autant que possible à l'abri des pertes. Amener ces troupes à proximité de la ligne de combat constitue un difficile problème.

Les soutiens de la compagnie (fractions non déployées immédiatement) peuvent être tenus au début à 200-300 mètres de la ligne de feu. Ils marchent habituellement par section en arrière des vides ou mieux en échelon derrière les ailes quand le terrain ne détermine pas impérieusement leur place.

Chaque section de soutien emploie librement les procédés de cheminement que réclame la situation. Son chef est attentif à la fois à ce qui se passe sur la chaîne et aux signaux que peut faire le capitaine.

Connaissant la direction de marche, il progresse d'abri en abri en exploitant toutes les ressources du terrain. Il profite de toutes les occasions pour rassembler sa section de façon à la conserver le plus longtemps possible « dans sa main ». Quand il devient impossible d'abriter les soutiens on doit les porter sur la ligne et les faire combattre.

Observations. — Nous n'admettrons pas comme habituel le procédé qui consiste à faire marcher derrière la chaîne les soutiens déployés d'avance en tirailleurs, il présente de multiples inconvénients.

C'est seulement au dernier bond et pour rejoindre la ligne de feu que la section de soutien se déploie définitivement.

Elle peut, quand le terrain permet de se défiler, se porter en ligne par petites fractions.

A l'arrivée d'une fraction de soutien, la ligne de combat doit reprendre ou accélérer son tir. Quand ce feu renforcé est supposé avoir produit son effet, la marche en avant est reprise.

Les soutiens peuvent, dans certains cas, intervenir sans se joindre à la ligne de combat, surtout en terrain accidenté où ils trouvent souvent des positions de tir en arrière ou sur les flancs. Leur intervention dans ces conditions est très avantageuse puisqu'ils prennent part au combat tout en restant disponibles.

Il est bon, à l'instruction, de rendre cette pratique familière en profitant de toutes les occasions offertes par le terrain pour faire ouvrir le feu par les soutiens sans les porter sur la chaîne.

30e RÉGIMENT D'INFANTERIE

1er BATAILLON

Résumé de théories

Cahier n° 4

ENGAGEMENT OFFENSIF DES PETITES UNITÉS D'INFANTERIE

Sommaire

ENGAGEMENT OFFENSIF DE L'INFANTERIE

L'exposé des motifs qui précède notre règlement du 3 décembre 1904 signale comme une particularité du combat nouveau : « La difficulté de plus en plus grande, au début de l'engagement, pour connaître les dispositions de l'adversaire, d'où fonctionnement plus délicat, plus complexe et plus lent des organes de contact. »

Il est utile pour nous d'examiner ce qui, dans cette période de l'engagement, intéresse l'officier d'infanterie, du chef de section au chef de bataillon. C'est en effet dans la prise de contact (combat d'avant-garde ou d'avant-postes) que l'officier de grade inférieur sera le plus souvent livré à lui-même.

Nous ne traiterons ici que de la conduite pratique des petites avant-gardes ou des éléments de tête des avant-gardes importantes.

I — Prise de contact de l'infanterie dans l'offensive

Avant les premiers coups de feu (canon ou fusil) une tête de colonne d'infanterie ne dispose que des renseignements de la cavalerie. Ces renseignements, qu'ils proviennent des fractions envoyées à la recherche du renseignement ou de celles qui assurent la sûreté rapprochée, se résument comme il suit :

Tel point à telle heure est inoccupé (renseignement négatif le plus sûr, en somme, et le seul précis).

A telle heure, reçu coups de fusil paraissant venir de tel point.

Vu troupe en mouvement estimée à.....

Ces indications, indispensables d'ailleurs, sont insuffisantes pour permettre « d'organiser » une attaque et les premières troupes d'infanterie ont précisément pour mission de remédier à cette incertitude en précisant la situation.

Leur rôle sera donc de balayer le plus vite possible les éléments de sûreté encore mal déterminés de l'ennemi, de déjouer ses ruses retardatrices, de découvrir et de fixer, dans la mesure du possible, son véritable front. L'inaction en pareil cas est la pire des solutions ; le commandant de l'avant-garde doit agir énergiquement et sans retard, la question est de savoir comment il pourra le faire utilement.

Pour guider son initiative et baser sa conduite, le chef d'infanterie ne disposera, à ce moment, que des éléments suivants :

1° Une mission à remplir (mission qui doit se traduire à un moment déterminé par un point du terrain à atteindre) ;

2° La rencontre d'une résistance, le plus souvent mal déterminée, contrariant cette mission ;

3° Le terrain.

On ne peut songer sur ces données incertaines à « monter » de toutes pièces une attaque, puisque l'objet même de cette attaque est encore indéterminé. Pour éviter de longs et inutiles tâtonnements, on sera donc nécessairement amené à prendre des dispositions d'ensemble appropriées au terrain mais indépendantes des dispositions de l'ennemi dont on ne connaît que la direction. Cela exige qu'on applique une doctrine ou une tactique d'engagement au lieu de se mettre à la remorque des événements.

Il faut savoir prendre « la pose ».

II — Caractères du combat d'engagement

Dans la deuxième partie de la guerre sud-africaine les Anglais avaient renoncé aux anciennes méthodes de combat. Marchant déployés d'avance sur un front considérable, quand ils rencontraient une résistance (résistance qui avait toujours un front beaucoup plus étroit à cause de la faiblesse des effectifs boers), la partie de la ligne correspondant au front de défense se fixait à grande distance pendant que les autres fractions, continuant à marcher, le débordaient naturellement et pour ainsi dire automatiquement.

Plusieurs ont voulu voir là l'image de la bataille de l'avenir. La guerre récente d'Extrême-Orient souligne leur erreur en montrant qu'il faut encore de nos jours en venir à briser de vive force, par le combat direct, la résistance de l'ennemi. Mais on ne doit pas ignorer que l'attaque directe — nécessaire et en somme possible — est longue et coûteuse. La crise finale qui décidera du succès doit être préparée par une usure mutuelle prolongée qui nécessite l'emploi de troupes nombreuses successivement engagées et de puissants moyens de feu.

Il est évident que, quand on peut éviter ce temps perdu et ces sacrifices, on doit le faire. L'engagement débordant sans combat de lord Roberts est incontestablement le moyen le plus rapide et le plus sûr de surmonter une résistance à front étroit quand on dispose d'une supériorité numérique suffisante.

Le combat d'engagement d'une troupe d'avant-garde s'en rapprochera beaucoup. Les Anglais ont opéré, dans cette période de la guerre, comme s'il se fût agi de refouler des avant-postes et de reconnaître un front. Mais comme il n'y avait rien derrière les détachements boers (tout à fait comparables à des avant-postes si on les compare à l'armée anglaise), ce premier acte suffisait et il n'y avait point de bataille.

Le combat d'engagement diffère de la bataille dans son but et dans ses moyens. Il s'agit de déblayer rapidement le terrain des résistances isolées ou accessoires et de déterminer le front de résistance réelle de l'adversaire en le fixant dans la mesure du possible, mais sans avoir la prétention de l'enlever. Donc il s'agit d'aller vite sans avoir le souci d'économie ni de profondeur en vue d'alimenter une attaque puissante.

Dans ces conditions, entreprendre de briser de vive force par un combat direct chacune des résistances rencontrées serait déraisonnable. On ferait ainsi le jeu de l'ennemi en sacrifiant du temps et des hommes sans utilité puisqu'on peut obtenir le même résultat plus vite et à moins de frais.

La caractéristique de notre combat d'engagement, en face

d'une résistance qui se manifeste, sera l'élargissement immédiat du front en vue d'aborder cette « résistance » sur un front supérieur et d'en déborder les ailes.

Toute fraction arrêtée de front attaquera donc — dans l'offensive tout le monde attaque — mais les fractions suivantes glisseront immédiatement vers les ailes et s'élargiront avec l'intention, non pas de renforcer la troupe engagée, mais de contourner et de déborder l'obstacle.

Si ces premières fractions sont à leur tour accrochées de front, les suivantes continuent le même jeu. La ligne ennemie sera ainsi très rapidement débordée et absorbée si elle est étroite, reconnue et, dans la mesure du possible, fixée par le combat des unités engagées si son front est large.

Les troupes employées à ce jeu de débordement peuvent agir en groupes plus ou moins forts et avec des intervalles variables. Si les groupes sont faibles et les intervalles larges, l'élargissement est plus grand pour le même effectif, mais l'effort exercé de front est moindre. On a donc plus de chance de découvrir les ailes du front ennemi, mais on risque davantage de se laisser arrêter par de faibles rideaux de postes. C'est une affaire de circonstances et de terrain.

Cette méthode de l'élargissement immédiat doit être encore la règle en cas de rencontre d'une autre avant-garde offensive. En admettant que les deux adversaires aient la même doctrine, celui des deux qui prendra l'avance dans son mouvement aura sur l'autre un avantage moral et matériel considérable.

Bien entendu, cette conception de l'engagement offensif ne change rien aux habituels devoirs du commandant d'avant-garde, celui en particulier d'assurer ses progrès en occupant les points d'appui rencontrés; devoir d'autant plus strict que l'incertitude sur l'ennemi est plus complète et la distance du gros des troupes plus grande.

III — Marche d'un bataillon avant-garde

Dès que le voisinage de l'ennemi rend probable une rencontre, une troupe d'infanterie formant avant-garde doit renoncer — chaque fois que cela n'est pas impossible — à marcher en colonne le long d'une route, en attendant les événements.

Sa marche sera orientée vers un objectif précis et connu de tous ; son itinéraire sera jalonné par un certain nombre de points du terrain (généralement des points d'appui) qu'elle se propose d'occuper successivement, de telle sorte qu'à un moment déterminé la mission de chaque fraction se traduise toujours par : *un point du terrain à atteindre.*

Le bataillon ne formera pas un dispositif rigide se déplaçant tout d'un bloc. Chaque compagnie marchera pour son compte et dans des formations appropriées au terrain vers le but qui lui est assigné. L'une d'entre elles formera groupe de tête, les autres marcheront le plus souvent parallèlement entre elles et à intervalles plus ou moins grands, de façon à réduire la profondeur, à faciliter le cheminement et à hâter le déploiement (à moins que le terrain ou les circonstances n'imposent d'autres dispositions).

Le chef de bataillon dira, par exemple :

« Nous avons tel objectif. »

« Compagnie de tête, marchez sur tel point (visible s'il est possible). »

« Le gros partira quand la tête aura atteint tel point, ou : tant de minutes après la tête. »

« On se dirigera d'abord sur tel point (visible). »

Puis, s'il veut marcher serré, le chef de bataillon fixe des intervalles approximatifs (intervalles toujours suffisants pour permettre au capitaine de choisir les formations les mieux appropriées au terrain) et, dans le cas où toutes les unités ne marchent pas à la même hauteur, désigne celles qui doivent suivre.

S'il veut au contraire prendre d'avance de larges intervalles, il donnera à chaque compagnie une direction ou un itinéraire particulier et spécifiera avec quelle unité il se tient.

Chaque fois que cela n'est pas impossible les directions et points à atteindre sont « montrés » sur le terrain.

On obtiendra ainsi un dispositif souple, déjà élargi ou au moins facile à élargir en vue d'une rapide offensive.

Il n'y a pas là d'ailleurs de « déploiement prématuré » causant retard et préjugeant les dispositions de l'ennemi. C'est une mise en garde qu'on approprie au terrain et si on marche de préférence « en large » au lieu de marcher « en long », c'est parce qu'on est décidé d'avance à s'élargir dès qu'une résistance viendra à se manifester.

La plus grande objection à cette méthode provient de la difficulté qu'on trouve à diriger le mouvement et à guider les chefs d'unité.

Dans l'état actuel de nos mœurs la difficulté est sérieuse. Il faut donc changer nos mœurs.

Prétendre dans un engagement conduire ses unités comme des pions sur un échiquier est aussi dangereux que déraisonnable. C'est la ruine de toute initiative et de toute capacité offensive.

L'engagement de nos jours ne peut être coordonné que par la communauté du but, par l'habitude chez tous les officiers d'envisager la question sous le même jour et d'agir dans le sens voulu sans attendre qu'on les pousse.

D'où la nécessité :

1° De se faire une tactique positive. Par exemple dans l'engagement, la tendance quasi-réflexe à s'élargir et à pousser de l'avant pour déborder l'obstacle ;

2° De ne jamais mouvoir une unité, petite ou grande, sans que chacun y soit conscient de la direction et du but poursuivi ;

3° De régler les mouvements par bonds successifs d'un point du terrain à un autre de façon à rattraper sûrement son monde à chaque « étape ».

IV — Compagnie ou fraction de tête

Examinons la marche de la fraction ou de la compagnie de tête. Et d'abord à quelle distance cette compagnie marchera-t-elle du gros du bataillon et à quelle distance se fera-t-elle précéder de sa section ou de son groupe d'éclaireurs ? C'est évidemment une affaire de terrain et de circonstances, mais il faut signaler à ce sujet une trop fréquente erreur très préjudiciable à l'esprit d'offensive.

Une avant-garde est destinée à assurer à la troupe qu'elle précède : par sa distance, la sécurité matérielle ; par son engagement, le temps et le renseignement dont elle a besoin pour organiser son combat. Faut-il que le gros de notre bataillon ait la prétention de faire jouer à sa compagnie de tête ce rôle complet d'avant-garde et cette compagnie, à son tour, demandera-t-elle le même service à son groupe de pointe ? Il est facile de voir que ce serait impraticable et en cherchant à l'obtenir, on gaspille un temps précieux en même temps qu'on enlève tout mordant à son offensive.

Ce n'est pas dans l'exagération des précautions de sûreté qu'il faut chercher la sécurité d'une troupe en mouvement mais bien plutôt dans des dispositions de marche telles que cette troupe soit toujours prête à combattre. Dans une marche offensive, en particulier, on oublie trop souvent que c'est sa capacité d'attaque immédiate qui constitue la véritable sûreté d'une colonne.

La fraction de pointe d'une compagnie marchant à 300-500 mètres en avant peut l. garantir de la surprise immédiate à courte distance, rien de plus.

La compagnie de tête peut assurer au gros du bataillon une sécurité un peu moins précaire et lui donner par son engagement une première indication, mais bien incomplète encore et insuffisante. Il s'ensuit que la compagnie de tête devra marcher, préparée à une action immédiate en face d'une surprise par le feu toujours possible et que le gros du bataillon, bien que courant moins le risque d'une surprise matérielle, sera toujours prêt à s'engager très rapidement. Le meilleur procédé pour sortir d'embarras, à ce moment difficile, est de passer sans hésitation, sans arrêt et sans attendre plus amples renseignements, à une offensive décidée sous forme d'élargissement du front en vue de déborder l'obstacle.

La compagnie de tête, ayant reçu sa mission sous forme de l'objectif à atteindre et, si cet objectif est lointain, l'indication de points intermédiaires à occuper successivement, est mise en marche à une distance en avant qui dépend surtout du terrain. Le plus souvent elle devra avoir atteint l'horizon dangereux ou le premier point d'appui au moment où le gros se mettra en mouvement.

Elle sera précédée à courte distance (300-500 mètres) par un groupe (une section par exemple). La marche de cette section est réglée par son chef qui aura souvent avantage à la faire marcher en plusieurs groupes, sur un front élargi d'avance.

Le gros de la compagnie suivra presque toujours en formation peu profonde (ligne de sections) : à intervalles serrés si elle est complètement à l'abri, assez ouverts au contraire en terrain découvert. On pourra de la sorte utiliser plus complètement le terrain et, en cas de surprise par le feu, s'engager très rapidement. Si les intervalles sont larges, chaque section marche pour son compte vers le point à atteindre en suivant l'itinéraire qui lui est fixé sur le terrain.

V — *Rencontre de l'ennemi*

§ 1 — COMPAGNIE DE TÊTE

La présence de l'ennemi soupçonnée déjà par les rapports de la cavalerie se manifeste par des coups de canon ou de fusil.

En face du canon, les dispositions indiquées (fractionnement, direction connue de tous.....) faciliteront la continuation du mouvement, nous n'en parlerons pas ici.

En face du fusil, on est prévenu seulement par un feu souvent lointain dont il est très difficile de déterminer immédiatement la provenance. On ne peut donc pas, à ce moment, asseoir sa décision sur les dispositions de l'ennemi qu'on ne connaît pas. Essayer d'obtenir d'autres renseignements à l'aide de patrouilles est une inutile perte de temps et l'inaction est la pire des solutions.

En l'absence d'autres indications, une seule décision est raisonnable : continuer à remplir sa mission qui, à ce moment, se résume en un point du terrain à atteindre.

Quand la résistance de l'ennemi se présente normalement à la direction de la marche, il n'y a pas de doute.

Le groupe de tête s'engage et essaye de progresser vers l'obstacle. Décidé d'avance à s'élargir, en face d'une résistance, pour l'aborder sur un grand front, le capitaine n'a plus qu'à décider dans quelle direction et dans quelle mesure il s'élargira.

Comme on marche en ligne de sections l'exécution sera facile et il suffira le plus souvent de modifier légèrement l'itinéraire des troupes non engagées, pour les diriger soit à droite, soit à gauche, soit des deux côtés à la fois. En l'absence d'ordres, les chefs de section obliqueront d'eux-mêmes dans le sens qui leur paraîtra le plus avantageux et pousseront en avant vers l'objectif.

Cet élargissement, il ne faut pas l'oublier, ne vise pas le renforcement ni le prolongement de la ligne de feu déjà formée. Il doit être assez marqué pour que les groupes des ailes ne s'accrochent pas au même obstacle, mais aient des chances de le déborder.

Si le point de résistance est isolé, il est absorbé presque sans combat et la progression continue vers l'objectif. S'il présente une largeur suffisante les sections d'ailes, dans leur mouvement, s'accrocheront à leur tour en face de nouvelles résistances que les suivantes chercheront à déborder. Si toutes se heurtent à l'ennemi on aura reconnu une ligne égale au front qu'elles occupent.

Quand la résistance se manifeste obliquement à la direction de marche, le groupe de tête, dans tous les cas, fait face et s'engage.

Si la direction est peu divergente, on agira comme ci-dessus en débordant de préférence dans le sens de la marche de façon à atteindre le point fixé sans perdre de temps.

Si la direction est franchement divergente et le feu assez nourri, la compagnie de tête sera souvent obligée d'y faire face ; mais elle aura soin de s'étendre sans tarder, quand cela n'est pas impossible, dans la direction de son objectif pour essayer de l'atteindre au moins avec une fraction, surtout s'il s'agit d'un point d'appui important.

Cette tendance constante vers le point du terrain assigné comme direction est le moyen le plus sûr de ne pas se laisser entraîner à l'aventure et tromper par les ruses de l'ennemi ; elle facilite la tâche du chef.

Remarquons combien la marche « en large » (et parfois en échelons si le danger est prévu) est avantageuse dans le cas où la résistance se manifeste en dehors de la ligne de marche. Pendant que les éléments, marchant du côté dangereux, s'engagent, les autres n'ont qu'à continuer leur mouvement pour s'étendre et déborder dans la direction de l'objectif.

§ 2 — GROS DU BATAILLON

L'engagement de la compagnie de tête donne une première notion, vague encore et incertaine, sur la situation de l'ennemi. Il faut, d'après cette indication, agir sans retard.

Le principe est le même : s'élargir pour déborder le front reconnu.

La décision cette fois peut être un peu plus mûrie. Le chef de bataillon, d'après le terrain et la physionomie de l'engagement, indiquera rapidement son rôle à chaque compagnie.

Observations. — 1° Il ne s'agit pas, répétons-le, de renforcer ou même de prolonger le combat de la première compagnie. Les mouvements des compagnies d'aile doivent être assez larges pour qu'elles aient chance de ne pas s'accrocher au même obstacle et de le déborder ;

2° Sauf le cas où il est suivi de près par d'autres troupes, le chef de bataillon n'ouvrira pas d'un seul coup tout son bataillon et réservera au premier moment une fraction (une compagnie par exemple) disponible.

Il lui faut, en effet, consolider pas à pas ses progrès en faisant occuper temporairement les points d'appui qui sont à sa portée. Cette préoccupation de s'assurer un front de résistance en cas de besoin par l'occupation d'un certain nombre de points forts passera au premier plan dans un combat de rencontre, dès que l'ennemi manifestera des forces supérieures ;

3° Même dans ce cas, l'élargissement immédiat est encore la meilleure solution. Les points d'appui occupés doivent constituer un front aussi large que possible, à la seule condition qu'on ne puisse pas investir ou déborder l'un d'eux sans attaquer les voisins.

Chaque compagnie, du reste, — quand, dans son mouvement, elle rencontre une offensive supérieure — ne doit pas se replier mais s'accrocher au point d'appui le plus proche.

Si l'engagement de la compagnie de tête est normal à la direction suivie, le chef de bataillon dirige son « élargissement » suivant son inspiration et d'après le terrain. Dans le cas, au contraire, où l'engagement est divergent, il aura presque toujours avantage à poursuivre directement et sans retard l'accomplissement de sa mission du moment (c'est-à-dire atteindre le point qui lui a été ou qu'il s'est fixé), en poussant délibérément son élargissement dans cette direction.

Quand, après avoir enlevé ou refoulé les postes avancés de l'ennemi, le bataillon de tête se trouve engagé en entier devant un front de résistance qu'il ne peut plus déborder (puisqu'il n'a plus d'unités disponibles) ni espérer enlever de front (car il n'a pas de profondeur), mais qu'il fixe par l'effort offensif de toutes ses fractions essayant de gagner du terrain ou qu'il contient, en cas d'infériorité, par l'occupation de points d'appui, il a rempli sa mission.

C'est désormais au commandant des troupes que revient le devoir d'ordonner la suite des opérations et de commencer le combat de front en faisant intervenir, dans les limites qu'il juge convenables, l'artillerie et les bataillons suivants, tout en poursuivant la reconnaissance du front ennemi si on n'a pas encore repéré ses ailes.

VI — Résumé

1° Au moment des premiers coups de feu, une avant-garde d'infanterie n'a aucun renseignement précis sur les dispositions ou la force de l'ennemi.

Sa mission exige qu'elle agisse immédiatement malgré l'incertitude de la situation.

2° Le combat d'engagement, destiné à balayer les avant-postes et à avoir raison des résistances accessoires, ne comporte pas l'attaque de front de troupes postées.

Jusqu'à l'intervention de l'artillerie, l'élargissement en vue de déborder l'obstacle et l'investissement par le feu sont ses seuls moyens.

3° Une troupe d'infanterie ne doit jamais se mettre en mouvement sans avoir un but précis. Pour une avant-garde qui pénètre dans l'inconnu (la cavalerie ayant démasqué) ce but ne peut être que : atteindre un point déterminé du terrain.

4° Le danger d'une surprise par le feu et la décision prise d'avance de s'élargir rapidement, dès qu'une résistance se présente, l'obligent à marcher plutôt en largeur qu'en profondeur et par fractions autonomes, à l'exclusion de tout dispositif serré ou rigide.

5° On ne peut régler un semblable mouvement qu'en marchant par bonds d'un point du terrain à un autre ; chaque fraction connaissant son objectif et décidée à l'atteindre.

6° Une résistance qui se manifeste et arrête de front une fraction doit produire naturellement l'élargissement immédiat des autres, avec continuation du mouvement en avant. Cette habitude de glisser vers les ailes pour déborder l'obstacle doit devenir familière à tous les gradés.

30e RÉGIMENT D'INFANTERIE

—

1er BATAILLON

—

Résumé de théories

Cahier n° 5

AVANT-POSTES DE JOUR ET DE NUIT

Sommaire

AVANT-POSTES DE JOUR ET DE NUIT

I — *Avant-postes de jour*

§ I — INUTILITÉ D'UN DISPOSITIF « COMPLET »

Un réseau complet d'avant-postes tel que le décrit notre service en campagne est tout à fait exceptionnel et, en quelque sorte, théorique. Dans la pratique les dispositions en doivent être très simplifiées. En effet :

a) Le réseau complet, pour être solide, exige des effectifs considérables ; c'est alors la ruine des troupes. Si on est obligé de ménager les hommes et d'élargir les secteurs de compagnie, les éléments de surveillance absorbent tout aux dépens des éléments de résistance et le dispositif n'a plus aucune solidité.

b) Même si l'on dispose de beaucoup de monde, le réseau complet, avec sa chaîne continue de sentinelles, est presque toujours inutile. Il suffit qu'aucun détachement important ne puisse passer sans attaquer au moins un poste ; la portée des armes actuelles permet d'obtenir ce résultat avec des mailles très larges.

c) La proximité de l'ennemi n'est pas une raison pour déployer un réseau complet. Ce serait plutôt le contraire.

Devant l'imminence ou au moins la possibilité d'une attaque puissante, on doit chercher à augmenter la résistance du dispositif. La préoccupation du chef sera donc non pas de multiplier le nombre des petits postes et des sentinelles, mais de les réduire pour augmenter d'autant la force de ses grand'gardes.

Le décret sur le service des armées en campagne spécifie du reste la plus grande liberté, et il suffit de ne pas considérer le dispositif complet comme « régulier » ou habituel, mais au contraire comme exceptionnel.

§ 2 — FRACTIONNEMENT

On peut envisager le placement des avant-postes comme il suit :

Une troupe en station se couvre habituellement par des compagnies portées dans la direction de l'ennemi, à distance convenable et ayant chacune un secteur exactement défini.

(Notons que dans nos exercices de détail ces secteurs sont souvent trop étroits ; on peut très bien arriver à 1 000 mètres et souvent plus, quand le terrain s'y prête.)

Chaque capitaine choisit dans son secteur le point où il résistera en cas d'attaque de l'ennemi, et y établit le gros de sa compagnie. C'est la grand'garde. La ligne des grand'gardes constitue proprement la ligne des « avant-postes ».

La grand'garde prend elle-même les dispositions de sûreté nécessaires pour ne pas être surprise et avoir le temps de se mettre en défense (petits postes de toutes formes se gardant eux-mêmes par des sentinelles et patrouilles). Ce sont des organes de surveillance et non pas une première ligne de résistance. Leur mission se limite (sauf cas particulier) à donner le temps nécessaire à la grand'garde pour se mettre en défense.

(Ces éléments de surveillance seront le plus souvent, pendant le jour, fournis par la cavalerie. Instruction pratique, art. 34.)

Quand la troupe stationnée est importante, il lui faut beaucoup de temps pour se rassembler et prendre ses dispositions.

On place alors entre les grand'gardes et les cantonnements du gros une réserve commune à plusieurs grand'gardes. Cette réserve comprend souvent la moitié des troupes affectées aux avant-postes (deux compagnies sur quatre dans un bataillon).

Le rôle des avant-postes est — ne l'oublions pas — de « résister » en cas d'attaque ; la surveillance du terrain n'est qu'un moyen d'assurer cette résistance en se donnant le temps de la préparer.

Un chef chargé de placer des avant-postes se demandera donc d'abord : que ferais-je en cas d'attaque ? comment organiser ma résistance ? De cette première décision il déduira la manière de se garder en surveillant le terrain. On voit malheureusement trop souvent faire le contraire et commencer par organiser la surveillance du terrain puis se demander ensuite, pour ainsi dire accessoirement, ce qu'on fera si l'on est attaqué.

§ 3 — OBSERVATIONS SUR LE RÔLE ET LE PLACEMENT DES DIFFÉRENTS ÉLÉMENTS

1° *Éléments de résistance*

Grand'garde. — Nous appelons grand'garde le gros d'une compagnie d'avant-postes.

Pour le capitaine, il importe de décider avant toute autre chose la forme à donner à sa résistance en cas d'attaque et le point où se fera cette résistance.

En principe il gardera réuni le plus de monde possible, les éléments de couverture détachés en avant étant strictement limités au nécessaire pour ne pas être surpris et pouvoir prendre ses dispositions de combat.

Il importe extrêmement d'observer que les troupes tenues disponibles à la grand'garde comptent seules pour la résistance. Les fractions détachées en avant sont « dépensées ». En cas d'attaque, après avoir donné leur résistance propre, elles sont le plus souvent dispersées et risquent très fort de ne pas rejoindre le point où on les attend. Il ne faut donc pas faire état du renfort que pourrait fournir à la grand'garde le repliement des postes avancés.

Le projet de défense de la grand'garde dépend absolument des conditions où elle se trouve (terrain, effectif, renseignements sur l'ennemi, intentions du commandement, état des troupes). Mais ce projet doit exister ; le capitaine doit avoir pris sa décision d'avance et savoir ce qu'il veut faire, car il n'aura souvent pas le temps de « voir venir » et d'agir suivant les circonstances. Ce qui ne veut pas dire qu'il ne doive pas se réserver le moyen de parer à l'imprévu en gardant une réserve.

Dans la généralité des cas il pourra se guider d'après les principes suivants :

La grand'garde n'est pas une réserve pour les postes en avant et ne doit pas leur porter secours.

Chaque fois que le terrain permettra de trouver dans le secteur une position telle que l'ennemi ne puisse passer sans l'attaquer, le gros de la compagnie aura avantage à y préparer soigneusement une résistance de pied ferme, en profitant des avantages que lui donnent la puissance de son feu et un défilement rendu facile par son faible effectif et l'absence de fumée dans le tir.

C'est le meilleur moyen d'obliger l'ennemi à procéder à une attaque en règle en le tenant dans l'indécision sur la force et la situation exacte de la troupe qui l'arrête.

De ce qu'à la grand'garde il convient de conserver réuni le plus de monde qu'on pourra, il ne s'ensuit pas que la défense doive se limiter à un seul point. On ne doit pas oublier que le véritable danger est d'être rapidement débordé ; car il est toujours possible avec les fusils actuels d'arrêter longtemps de front une attaque même très supérieure.

La défense préparée devra donc toujours comprendre plusieurs points s'appuyant bien l'un sur l'autre, de façon à élargir le front, et l'attention du capitaine devra se porter sur la liaison — en cas de combat — avec les grand'gardes voisines. S'il est à une aile du dispositif, il couvrira son flanc libre par un poste solide formant échelon en arrière.

La réserve conservée disponible pourra d'ailleurs être faible et le front de combat relativement large, puisqu'il ne s'agit en somme que d'une résistance momentanée. Dans le combat lui-même, on pourra utiliser les grandes portées et commencer le feu dès qu'il est possible d'inquiéter l'ennemi ; le but est non pas de le battre mais de lui faire perdre son temps.

De ce qui précède, on ne conclura pas que la forme de la défense la plus avantageuse serait d'occuper du premier coup le front qu'on a choisi en déployant tout son monde de façon à former une ligne de postes plus ou moins régulière, ce qui serait fort imprudent. Presque toujours, il conviendra de garder le gros de ses forces — en partie disponible — au point choisi comme résistance principale ; mais on aura soin d'élargir son front en occupant avec des postes relativement faibles sur ses flancs des points à distance suffisante pour se relier aux grand'gardes voisines et éviter le débordement. La petite réserve conservée servira à renforcer la défense suivant la direction et l'intensité de l'attaque.

Il est inutile d'ailleurs de faire séjourner toute sa troupe sur les emplacements mêmes de combat, et il suffit de pouvoir atteindre ces emplacements très rapidement (4 ou 5 minutes au plus après l'alerte) par des cheminements bien défilés, qu'on préparera au besoin.

Dans le cas où les postes de combat sont à quelque distance du lieu où séjourne la troupe (200-300 mètres), il sera bon d'y tenir une garde de quelques hommes, fréquemment relevée et bien dissimulée. Ces petites « gardes de tranchée » assurant la sécurité immédiate de la grand'garde sont destinées à parer à une surprise toujours possible.

Le commandant de la grand'garde doit être bien fixé d'avance sur ce qu'il compte faire en cas d'attaque d'une grand'garde voisine. En principe et à moins d'ordre contraire, il ne doit pas dégarnir son secteur, pour secourir les troupes du secteur voisin, mais il fera prendre les armes, surveillera et renforcera au besoin la liaison avec la grand'garde attaquée, de façon à empêcher l'ennemi de déborder son flanc. C'est habituellement le secours le plus efficace qu'il puisse lui prêter.

Cependant, si une grand'garde voisine est enlevée et qu'une colonne ennemie pénètre à travers la ligne, il ne faut pas hésiter, en face de ce fait acquis, à prendre une vigoureuse offensive dans le flanc de cette colonne. La nécessité de parer à ce danger pressant prime, à ce moment, toute autre considération.

Il arrive qu'on ne trouve pas dans le secteur une position telle qu'il soit impossible à l'ennemi d'en négliger l'attaque. Si, comme cela se rencontre assez souvent, un seul cheminement échappe à l'action directe de la grand'garde, on y placera un poste spécial assez fort pour résister. (Il sera question plus loin de ces postes de résistance que souvent la réserve d'avant-postes fournira elle-même.)

Si, au contraire, la nature du terrain (plat et coupé, boisé, etc...) et le grand nombre des communications l'exigent, le gros de la compagnie devra adopter une attitude plus active. Établi, prêt à marcher, à un nœud de communications, il attaquera résolument les colonnes ennemies qui auraient traversé le réseau des petits postes gardant les chemins.

Les petits postes doivent alors être poussés plus loin en avant que dans le cas habituel, et l'étude attentive des communications et cheminements à l'intérieur du secteur prend une importance spéciale.

Réserve d'avant-postes. — La réserve d'avant-postes, disposant de plus de temps pour s'orienter en cas d'alerte, a plus de liberté d'allures que les grand'gardes et son rôle peut n'être pas défini d'avance aussi exactement. Il est indispensable cependant de décider et de préparer son action en cas d'alerte, tout en se réservant les moyens de parer aux imprévus.

On peut au sujet de cette action observer ce qui suit :

La réserve d'avant-postes doit, pour être utile, agir en bloc et ne pas se dépenser en petits détachements de renfort. Du reste, renforcer une grand'garde attaquée est une chose dangereuse et il faut, quand on a l'intention de le faire, en prévenir d'avance le commandant de la grand'garde. On risque toujours d'arriver au moment où la grand'garde cède et de ne présenter à l'ennemi que des unités en marche, mal orientées et mêlées quelquefois aux troupes qui se replient.

Entre autres modes de résistance, une réserve d'avant-postes peut :

a) Si le terrain en arrière des grand'gardes présente une position défensive qu'il soit impossible à l'ennemi de négliger : préparer la défense de cette position et y donner rendez-vous aux grand'gardes.

b) Reconnaître en arrière de chaque grand'garde une position défensive qu'on ira occuper pour recueillir la compagnie et y présenter une nouvelle résistance.

c) Enfin, se tenir prêt à marcher, en un point central, avec l'intention d'attaquer résolument toute colonne ennemie qui aurait forcé la ligne des grand'gardes.

Dans tous les cas, il est utile de placer sa réserve assez loin en arrière des grand'gardes pour s'assurer la possibilité de manœuvrer (une distance de 2 kilomètres, et souvent plus, n'est pas exagérée pour une réserve de bataillon).

Le commandant de la réserve doit toujours faire connaître aux capitaines des compagnies de grand'garde ce qu'il compte faire, leur donner une direction de retraite ou un point de rendez-vous; enfin, porter toute son attention sur les moyens de communiquer avec eux.

2° *Éléments de surveillance : petits postes, sentinelles, patrouilles*

L'effectif des troupes employées à la surveillance doit être calculé avec la plus stricte économie. Il est presque toujours exagéré d'y employer la moitié de la compagnie.

Les petits postes placés en avant de la grand'garde ont pour unique mission de donner au gros de la compagnie le temps de prendre les armes et de se mettre en défense. C'est une erreur de considérer l'ensemble de ces postes comme une première ligne de résistance et de les doter en conséquence.

Quand on dispose de cavalerie d'avant-postes, les petits postes d'infanterie peuvent être entièrement supprimés pendant le jour. Toute la compagnie est alors réunie à la grand'garde.

Leur force doit, en tous cas, être réduite lorsqu'on peut les doter de moyens rapides pour communiquer avec la grand'garde (cavaliers, bicyclistes, télégraphie optique, téléphone).

L'effectif d'une section (50 hommes) pour un petit poste est habituellement beaucoup trop fort, sauf le cas de postes spéciaux de résistance. Il ne peut se justifier que par la nécessité d'entretenir trois ou quatre sentinelles doubles.

Mais, on l'a vu, l'emploi d'un rideau complet de sentinelles n'est pas à encourager. Il est souvent impossible à constituer et presque toujours inutile.

Les sentinelles doubles isolées (200-300 mètres d'un poste) n'ont d'ailleurs aucune valeur.

Chaque petit poste (habituellement 10 à 25 hommes), suivant l'importance de son secteur de surveillance, se gardera lui-même à l'aide d'une sentinelle double rapprochée (deux au plus). La liaison avec les postes voisins, souvent impraticable et toujours coûteuse, par un réseau de sentinelles, se fait par des patrouilles (insister sur la nécessité des patrouilles quand on ne dispose pas de cavaliers).

Pour surveiller un point important à quelque distance, échappant aux vues du petit poste, on peut recommander l'emploi d'une patrouille (trois ou quatre hommes et un gradé) qui stationne jusqu'à une heure fixée puis est remplacée par une autre.

Ces embuscades à relève fréquente sont plus sûres et moins pénibles pour les hommes qu'un poste détaché permanent qui devrait être plus fort.

Dans tous les cas, un « petit poste », quelle que soit sa force, cherchera à dissimuler sa présence, à agir par surprise, à tromper l'ennemi sur sa force par un feu vif en évitant de se montrer.

Sa résistance terminée, il ne se laissera pas enlever mais se dérobera en trompant l'ennemi sur la direction de sa retraite. C'est pour ce motif que le voisinage immédiat d'un couvert (bois, ravin...) est très avantageux.

L'occupation d'un abri défensif (maison, mur, tranchée...) est souvent à recommander.

La transmission des renseignements à la grand'garde doit être prévue avec soin et doit se faire à couvert. Le fait de voir circuler des porteurs d'ordres ou de renseignements d'un couvert à un autre couvert constitue pour les patrouilles ennemies un indice très utile et fait découvrir facilement l'emplacement des postes.

Postes spéciaux. — Quand, dans le secteur d'une compagnie d'avant-postes, se trouve un cheminement ou une communication échappant trop complètement à l'action de la grand'-garde, on y placera un poste spécial destiné à y faire une solide résistance. Ces postes, dont la force atteint facilement une section (50 à 60 hommes), constituent alors proprement de petites « grand'gardes » à secteur restreint et agissent de même.

Ces postes spéciaux sont fournis directement quelquefois par la réserve d'avant-postes.

3° *Établissement des avant-postes*

Notre service en campagne contient cette phrase :

« Le déploiement des échelons les plus avancés du service de sûreté est protégé par la réserve d'avant-postes qui prend à cet effet position au point convenable. »

Cette prescription très juste donne lieu parfois à d'étranges interprétations. Sans perdre de temps à les discuter, indiquons seulement comment les choses doivent se passer habituellement.

Le principe à appliquer est d'ordre général :

« Une troupe ne doit jamais être surprise. »

Tant qu'elle n'a pas pris des dispositions de sûreté lui permettant de se reposer, elle doit donc se tenir prête à combattre et conserver ce que nos pères appelaient « une position militaire ».

Dans le cas du placement des avant-postes (un bataillon par exemple) : le chef de bataillon, ayant reçu les ordres du commandant des avant-postes, conduit son bataillon en formation de marche vers l'emplacement présumé de sa réserve. Il donne (au besoin en marchant) ses ordres aux compagnies de grand'-garde qui continuent, chacune vers son secteur, se couvrant elles-mêmes. Ayant choisi une position qui lui paraît avantageuse, le chef de bataillon y installe alors sa réserve, en halte gardée prête à combattre, jusqu'au moment où les compagnies de grand'garde ont atteint leur position de résistance. Cet emplacement provisoire est habituellement dans le voisinage et en avant du cantonnement que doit occuper la réserve d'avant-postes.

Pendant ce temps, chaque compagnie d'avant-postes gagne son secteur. Le capitaine choisit une position provisoire de résistance dans le voisinage de l'emplacement probable de sa grand'garde et y place son gros en halte gardée prêt à combattre. C'est seulement quand les éléments de surveillance (petits postes) sont placés que la compagnie gagne son emplacement définitif et s'y installe.

II — Avant-postes de nuit

Le service de sûreté de nuit mérite une étude spéciale. C'est le service habituel de l'infanterie, car c'est la nuit surtout que les troupes stationnent et se reposent; en outre, les méthodes à employer pour attaquer et par conséquent pour se garder pendant la nuit diffèrent profondément de celles que nous appliquons le jour.

Toute notre tactique moderne d'infanterie repose sur les effets du tir. Or, la nuit, le feu ne compte que comme épouvantail; même de très près, ses effets sont matériellement insignifiants et incapables d'arrêter une troupe résolue. Voyons donc sommairement comment on peut attaquer afin d'en déduire comment on devra se garder.

§ 1 — ATTAQUE DE NUIT

Les opérations de nuit sont fréquentes mais comportent rarement une attaque nombreuse : l'aléa est trop grand pour qu'on s'y expose sans y être forcé.

Généralement, elles se limitent à la préparation : approches, enlèvement par surprise de certains points permettant de brusquer dès le point du jour l'attaque principale.

Il n'est question ici que de ces enlèvements d'avant-postes.

Ce fait que le feu ne compte plus enlève à l'infanterie de pied ferme toute force de résistance et restitue au choc toute sa valeur. En outre, la surprise devient le facteur principal du succès.

Ces caractères du combat de nuit sont tout à l'avantage de l'attaque.

Deux inconvénients graves compensent il est vrai cette supériorité :

Difficulté de se conduire ;

Instabilité de l'équilibre moral d'une troupe marchant la nuit. La moindre embuscade, quelquefois même un simple arrêt ou une hésitation peut provoquer une panique.

Une attaque de nuit ne peut avoir pour but que d'occuper un point de terrain ; sa mission doit être exactement définie et limitée. Cette mission remplie, elle s'arrête, se reprend, se met en défense. A ce moment, un retour offensif de l'ennemi est très dangereux.

Si l'attaque sait où elle va (reconnaissance exacte du terrain et des postes ennemis) et si elle est décidée à y aller, elle a beaucoup de chances d'atteindre son objectif. Sa force est dans la rapidité (surprise) et dans la menace immédiate d'abordage (choc).

Une troupe chargée d'une semblable mission marchera habituellement groupée sur les chemins ou à proximité immédiate. La colonne sera fractionnée en tronçons (sections ou demi-sections) se suivant à intervalles suffisants pour que deux d'entre eux ne tombent pas à la fois dans la même embuscade. Le premier paquet précédé de quelques éclaireurs formera avant-garde. Une distance de 50 mètres la nuit est souvent très suffisante.

Insister à l'instruction sur la marche sans bruit et surtout sur les moyens à employer pour que chaque groupe ne perde pas la trace du précédent.

En cas d'incertitude complète on marchera par bonds. A chaque arrêt on cachera son monde et on enverra des patrouilles

Dès qu'un poste ennemi est découvert, marcher droit dessus, le disperser, puis se remettre en ordre et continuer la marche.

Pour l'enlèvement d'un poste, un détachement (une compagnie par exemple), si le terrain est praticable, peut déployer ses sections en ligne sur deux rangs, l'une derrière l'autre à 30-40 mètres, se débordant mutuellement sur un des flancs ou sur les deux, et marcher dessus baïonnette basse, sans tirer.

Souvent aussi on agira comme on est, en colonne; il importe surtout de frapper vite et fort dès qu'on sait où frapper.

Quand l'avant-garde tombe inopinément dans une embuscade, si le terrain est libre, on laisse le paquet surpris se débrouiller et on passe sans retard avec le reste à droite ou à gauche. Si l'on est pris dans un défilé, il faut foncer sur l'obstacle et essayer de le traverser.

Après un effort, toujours rassembler et remettre en ordre sa troupe avant de continuer.

Quoi qu'il arrive, ne pas perdre de vue qu'en présence d'une surprise, toute hésitation, tout arrêt constitue le plus grave danger.

Il est bien entendu qu'il s'agit ici du détachement de tête généralement peu nombreux (100 ou 200 hommes) chargé du coup de main.

Le reste de la troupe suit à distance telle qu'il ne coure aucun risque en cas de surprise (200-500 mètres).

Son rôle est, dans le cas où le détachement de tête serait arrêté ou dispersé, de reconstituer immédiatement une autre troupe de choc pour essayer de tourner l'obstacle ou de le briser. Mais sa véritable mission est d'occuper le point enlevé et de le conserver; car, s'il faut peu de monde pour mener à bien un coup de main, il en faut souvent beaucoup plus pour se maintenir sur la position conquise.

Une attaque d'avant-postes, la nuit, peut être menée de deux façons : soit en marchant directement sans donner l'éveil sur le point qu'on veut enlever, soit au contraire en faisant précéder l'attaque principale par une diversion sur un autre point.

En face d'un adversaire qui se garde et jouit de tous ses moyens, une tentative menée avec très peu de monde, mais vigoureusement et avec bruit sur un point assez éloigné un peu avant l'attaque principale, est souvent avantageuse.

En face d'un ennemi qu'on a chance de trouver engourdi

(attaque à la fin de la nuit, mauvais temps, fatigue des troupes...) il vaudra souvent mieux aller droit au but sans donner l'éveil.

En résumé : l'attaque d'avant-postes de nuit sera rapide et brutale, très forte sur son front, très faible sur ses flancs. Son grand ennemi est l'incertitude ; dès qu'elle sait positivement où se trouve le poste ennemi qu'il faut enlever, sa tâche est à moitié remplie ; très accessible aux paniques, tout arrêt ou hésitation provenant d'une surprise peut lui être fatal.

Enfin, la partie la plus délicate de sa mission n'est peut-être pas d'enlever un point du terrain mais de s'y maintenir, car la troupe disloquée par un assaut, mal orientée, dispersée et nerveuse, est pendant quelque temps à la merci d'un retour offensif bien mené.

§ 2 — DÉFENSE DE NUIT

Comment donc se garder la nuit ? c'est-à-dire être prêt à résister à une attaque de ce genre.

On peut, semble-t-il, résumer comme il suit les principes de la défense :

La nuit, en rase campagne, on ne se défend qu'en attaquant et on n'attaque que par le choc. D'où il suit qu'en cas d'alerte, la nuit, le premier mouvement doit être de rassembler sa troupe au lieu de la déployer comme le jour.

Il faut éviter absolument de recevoir de pied ferme et de front le choc d'une troupe d'attaque et considérer l'embuscade comme procédé habituel de combat.

La contre-attaque et le retour offensif sont les véritables armes de la défense la nuit. Une attaque par surprise ou un obstacle matériel infranchissable sont les seuls moyens d'arrêter l'élan d'une troupe vigoureuse.

De ces principes tirons quelques conséquences pratiques en ce qui concerne les avant-postes de nuit.

1° Dissimuler soigneusement ses postes, petits ou gros, de façon à en rendre la découverte laborieuse et à prolonger l'incertitude de l'ennemi. Les placer de telle sorte qu'en aucun cas l'assaillant ne puisse tomber dessus directement et les enlever sans coup férir. Ils seront donc placés à proximité immédiate des routes et chemins mais *en dehors*, cachés de telle sorte qu'on puisse passer sur la route sans les voir et constituant de véritables embuscades.

2° A l'approche de l'ennemi, en rase campagne, quand on ne peut se placer derrière un obstacle sérieux : ne jamais déployer son détachement en travers de la direction suivie par l'attaque ; il serait infailliblement enlevé. Le rassembler au contraire en dehors de cette direction, caché à proximité immédiate, en trompant au besoin l'ennemi par un feu vif de quelques fusils placés ailleurs, attendre la colonne ennemie et l'attaquer par surprise en flanc (feu à bout portant très vif pour prévenir la grand'garde et effrayer l'ennemi, puis se jeter à la baïonnette).

Si l'on est surpris et qu'il faille renoncer à l'espoir d'arrêter l'assaillant : faire dans tous les cas un feu vif pour prévenir, chercher à rassembler son monde en dehors de la direction suivie, en un point désigné d'avance, renouveler son feu à plusieurs reprises, puis se dérober en essayant de suivre la colonne ennemie. Profiter de la première occasion pour la harceler en flanc ou en queue.

3° Si l'on doit défendre un point spécial tel que village, défilé, pont — ce qui est le rôle habituel des grand'gardes — ne jamais omettre de se barricader en ayant soin de dissimuler les barrages (par exemple dans un village ou un bois, les placer un peu en arrière de la lisière, de façon qu'on tombe dessus sans les voir et qu'on ne puisse les éviter. Pour un pont, barrer l'extrémité du côté de la défense). En cas d'attaque : les barricades seront défendues par de petits détachements désignés d'avance pendant que le gros de la troupe se rassemblera à l'écart, en un point connu de tous, d'où l'on puisse sortir facilement pour contre-attaquer en flanc la colonne ennemie butée contre la barricade ou celles qui tenteraient de passer à droite ou à gauche.

Si l'on est surpris, au lieu de tenter une résistance directe, désordonnée et sans valeur, essayer de rallier sa troupe à quelque distance en un point désigné d'avance et faire un retour offensif qui, bien conduit, réussira souvent. Le procédé serait excellent s'il n'était pas si hasardeux de rallier sa troupe la nuit après une surprise ; il est intéressant à l'instruction d'exercer souvent les troupes à se rassembler rapidement et en ordre.

4° Un poste n'a, la nuit, qu'un rayon d'action peu étendu ; il ne peut « garder » qu'un seul point du terrain.

Un service d'avant-postes de nuit ne peut donc pas surveiller ni défendre tout le terrain mais seulement un certain nombre de points choisis.

Comment choisir ces points ?

L'attaque ne peut habituellement marcher que sur ou dans le voisinage immédiat des routes et chemins. On gardera donc les chemins. Mais il faut observer :

Que l'on n'est jamais sûr de garder tous les chemins surtout quand on arrive la nuit et qu'on ne dispose que de cartes incomplètes ;

Que, si le terrain s'y prête, un assaillant connaissant bien le pays peut suivre parfois des cheminements en dehors des communications, au moins pour de petits trajets ;

Qu'enfin une défaillance est toujours possible et un poste même important résistera rarement à une attaque vigoureuse et bien préparée.

On en conclura ce qui suit :

a) Les points à tenir solidement sont ceux que l'ennemi ne peut pas négliger s'il veut faire une attaque sérieuse (points d'appui, nœud de communications, défilés, etc.).

b) Ces points ne doivent pas constituer une seule ligne qui sera toujours percée quelle que soit sa force ; il faut en arrière de cette ligne d'autres points de résistance.

c) Cette occupation passive de certains points du terrain ne donne jamais une sécurité complète et il est toujours nécessaire de disposer d'une solide réserve prête à marcher.

Observons que la « manœuvre » de nuit doit être très simple.

La réserve placée à proximité d'un nœud de routes fera reconnaître avec le plus grand soin, autant que possible par des officiers, les itinéraires à suivre pour gagner les emplacements des grand'gardes et les points importants en arrière. En cas d'attaque ennemie on attendra d'être bien fixé sur le résultat de cette attaque, puis on agira.

Si l'ennemi est arrêté après avoir occupé un point du terrain qu'on veut garder : retour offensif mené droit sur ce point.

Si l'ennemi a percé la ligne et se porte en avant : prendre une route qui coupe la direction qu'il suit et agir suivant le cas. Par exemple : si l'on arrive avant lui, occuper un point qui barre sa marche et dresser une embuscade. Si on tombe dessus, attaquer vigoureusement. S'il est passé, commencer par s'installer sur sa retraite, le faire chercher par des patrouilles (cavaliers si possible) et le suivre ou l'attendre.

Dans tous les cas agir bien réuni, par bonds successifs, sachant exactement où l'on veut aller chaque fois qu'on se met en marche.

Cette « manœuvre » de nuit est facilitée par l'emploi de quelques cavaliers.

5° Il importe extrêmement de s'assurer l'avantage de surprendre l'ennemi et de ne pas être surpris par lui. La surveillance doit donc être assurée avec le plus grand soin.

Notons à ce propos les points suivants :

a) Tout élément, quelle que soit sa situation, doit assurer lui-même sa sécurité immédiate.

b) Une sentinelle double isolée la nuit à quelque distance d'un poste (100 ou 200 mètres) n'a aucune valeur. Un réseau de sentinelles est impraticable. Un poste, s'il est important, se garde à l'aide de petits groupes (écoutes, embuscades, patrouilles à relève fréquente) cachés sur les directions dangereuses. S'il est faible (6-10 hommes) une sentinelle double peut suffire.

c) La surveillance mobile (patrouilles) doit être très active et combler les lacunes de la surveillance fixe.

d) Les détails du service et la discipline prennent une importance extrême (service à répartir, transmission des renseignements, bruit, lumière, etc.).

e) Enfin toute l'énergie du chef doit être employée à assurer la *vigilance* de tous. Avec des hommes fatigués c'est un difficile problème.

Notre règlement porte, en parlant des petits postes : « La nuit tout le monde veille. » Un chef ne doit jamais demander l'impossible. S'il se sent incapable de faire veiller toute la nuit des hommes exténués, il doit prendre des mesures en conséquence. Mieux vaut quelques hommes veillant au milieu de leurs camarades dormant tranquilles que tout un détachement abruti et somnolent.

Le système du « quart » est à recommander. Un gradé et deux ou trois hommes veillent une heure (ou deux heures au plus) puis réveillent le quart suivant.

Observation. — Tout ce qui vient d'être dit s'applique au combat dans l'obscurité, c'est-à-dire quand on ne peut pas faire usage de son feu (à noter que les principes du combat *sous bois* s'en rapprochent en beaucoup de points).

Il appartient à chacun d'apporter les modifications nécessaires suivant que la nuit est claire ou sombre. Par un clair de lune ordinaire il est plus facile de se conduire, mais le tir ne vaut guère mieux. La lune favorise donc habituellement l'attaque ; la défense ne doit pas l'oublier.

§ 3 — ORGANISATION D'UN DISPOSITIF DE NUIT

Reste à indiquer rapidement quelle forme prendra habituellement un dispositif de sûreté de nuit.

Le fractionnement des avant-postes de nuit sera dans son ensemble celui que nous avons admis pour le jour.

Grand'garde. — La grand'garde constitue, comme le jour, la pièce principale du système.

Sa mission sera le plus souvent de garder certains points importants du terrain (village, défilé, nœud de communications, mouvement de terrain) choisis de telle sorte qu'une attaque ennemie ne puisse pas progresser avant de les avoir enlevés.

Le capitaine y conserve groupé le gros de sa compagnie, ne

détachant que les éléments indispensables pour la surveillance, et l'installe pour la défense en tenant compte des principes déjà exposés :

Création ou utilisation d'obstacles matériels (barricades, abatis, murs, fils de fer, etc.) défendus par de petites gardes désignées d'avance et n'ayant point d'autre mission. Le gros se tenant prêt au premier signal à se rassembler en silence sur un point bien abrité, choisi en dehors du chemin principal et d'où il soit facile de sortir pour contre-attaquer.

Si aucun point du terrain ne se prête à cette résistance de pied ferme, le gros de la compagnie sera tenu caché près d'un carrefour de communications dans une position centrale d'où il puisse agir offensivement dans toutes les directions.

Dans tous les cas, il importe avant tout que la troupe soit prête à se rassembler au premier signal, rapidement et silencieusement. Il s'ensuit que jamais les hommes d'une grand'-garde ne seront éparpillés, mais toujours tenus ensemble dans le voisinage immédiat du point où ils doivent se rassembler. La nuit, une troupe rassemblée et dissimulée est toujours forte ; dispersée, elle n'a aucune valeur.

L'attention du capitaine se portera spécialement sur les rapports à établir avec les petits postes qui doivent être fréquemment visités. Il assurera lui-même sa sécurité immédiate au moyen de très petits groupes fréquemment relevés, cachés à courte distance sur les directions dangereuses.

Si le commandant des avant-postes ne désigne pas lui-même un point de rendez-vous, il sera prudent d'en choisir un assez loin en arrière et facile à reconnaître. Tout le monde devra connaître ce rendez-vous et cherchera à le rejoindre en cas de surprise et de dispersion subite.

Réserve d'avant-postes. — La réserve des avant-postes doit toujours, la nuit, se tenir prête à manœuvrer. Elle barricadera son cantonnement et assurera sa sécurité immédiate.

L'attention du commandant de la réserve se portera sur les points suivants :

Assurer, en cas d'alerte, le rassemblement rapide de tout son monde, en un point d'où il puisse facilement se mouvoir.

Reconnaître, avec le plus grand soin, les itinéraires à suivre pour se porter vers l'emplacement des grand'gardes ou autres points importants. Il aura même souvent intérêt à les faire jalonner, avec des objets bien visibles, là où on pourrait se tromper.

En cas d'attaque sérieuse ou d'enlèvement d'une grand'-garde occupant un point du terrain qu'on veut garder, le mode d'action le plus avantageux sera la *contre-attaque* si l'on arrive assez tôt, ou le *retour offensif* si le point d'appui est déjà enlevé.

Connaissant exactement le terrain et le point à réoccuper, si l'on agit vite et vigoureusement, le retour offensif a les plus grandes chances de réussir.

Il est prudent de désigner d'avance à chaque compagnie de grand'garde, pour le cas de surprise ou de retraite obligée, un point de rendez-vous toujours en dehors du chemin direct menant à l'emplacement de la réserve.

Éléments de surveillance. — La grand'garde n'a qu'un moyen de se couvrir la nuit : garder les chemins en plaçant un poste sur chacun d'eux.

L'emplacement de ces postes est souvent déterminé par le terrain (carrefours, ponts, défilés, etc.).

Ils doivent être assez loin de la grand'garde pour lui donner, en cas d'alerte, le temps de se préparer ; assez près, pour qu'on entende sûrement les coups de fusil. Leur distance peut être extrêmement variable et il est plutôt avantageux que la ligne qu'ils forment soit très irrégulière, la mission des reconnaissances ennemies en sera rendue plus difficile.

Il sera souvent utile de faire surveiller la nuit certains points très en avant ou sur les flancs. On y enverra des postes spéciaux, de force très variable, autant que possible munis d'un bicycliste ou d'un ou deux cavaliers.

Les petits postes, la nuit, n'ont pas besoin d'être forts. Sauf mission de défense d'un point spécial, ils dépasseront rarement 15 à 25 hommes et tomberont souvent à 6 ou 10 hommes.

Quand on leur donne quinze à vingt-cinq hommes, c'est pour leur permettre d'envoyer quelques patrouilles.

Un petit poste se dissimule ; il se place tout près du chemin gardé, mais en dehors ; s'il trouve un obstacle pour se couvrir, il en profite mais de façon à pouvoir circuler facilement. Il serait très dangereux la nuit pour un petit poste d'occuper une maison, une cour fermée, etc.).

Les hommes restent groupés.

Si le poste est faible (8-12 hommes) une sentinelle double cachée à quelques pas suffit à le garder à condition que lui-même soit bien dissimulé. S'il est plus fort il se couvrira par un ou deux petits groupes de quelques hommes (écoutes, embuscades...) cachés sur les chemins à courte distance en avant et fréquemment relevés (au moins toutes les deux heures).

L'instruction de ces petits groupes doit être faite soigneusement. Ils ne tirent qu'en cas de nécessité, pour prévenir. Quand l'un d'eux découvre l'ennemi, il fait avertir le poste, observe en se cachant, se replie sans se montrer.

Le petit poste, s'il est attaqué, se guidera en toutes circonstances sur ce principe :

Un petit poste est fait pour « prévenir ». Si on lui demande de résister le mieux possible c'est pour qu'il puisse prévenir à temps. Même enlevé, s'il a exactement renseigné la grand'-garde, sa mission est remplie.

Donc :

1° Éviter par sa vigilance et par son habileté à se dissimuler la surprise immédiate ;

2° Dans tous les cas et surtout s'il n'y a pas d'espoir d'arrêter l'ennemi, faire un feu très vif, se défiler vers le point choisi d'avance, puis recommencer son feu à plusieurs reprises.

On peut enfin désigner d'avance deux ou trois hommes sûrs auxquels on donne mission, en cas de surprise, de courir, sans autre ordre, à la grand'garde, pour prévenir.

§ 4 — PLACEMENT DES AVANT-POSTES DE NUIT

1° *Les avant-postes étant placés de jour, passer au service de nuit.*

Aucune difficulté. Le capitaine a instruit d'avance chaque gradé des dispositions à prendre pour la nuit, d'après les instructions du commandant des avant-postes. Le mouvement se fait au moment où on n'y voit plus assez clair pour tirer.

Le seul point important est de dérober ce mouvement et de dissimuler les emplacements choisis pour la nuit.

La grand'garde reste sous les armes pendant le déplacement des postes.

N. B. — Une attaque à la tombée de la nuit, présentant pour l'assaillant de multiples inconvénients, se produit assez rarement.

2° *Placer des avant-postes en arrivant de nuit sur le terrain.*

Les ordres étant donnés d'après la carte, la principale difficulté est de gagner sans erreur l'emplacement qu'on doit occuper et de s'y orienter exactement. On devra donc toujours, pour la réserve d'avant-postes et pour les grand'gardes, choisir des points faciles à atteindre et qu'on puisse reconnaître sans erreur possible (carrefour de routes, hameau, pont, etc.).

Il est bon, pour que chaque échelon soit orienté, de conduire le bataillon entier à l'emplacement de la réserve. Les compagnies de grand'garde partiront de là, accompagnées par un gradé de la réserve qui connaîtra ainsi l'emplacement exact de la grand'garde et le chemin à suivre, et gagneront le point qu'elles doivent occuper. Elles y seront installées comme il a été dit, en ayant soin de se mettre immédiatement en défense (barricades s'il y a lieu, reconnaissance des abords immédiats).

On poussera à quelques cents mètres en avant des postes pour la couvrir.

Ne négliger aucune précaution pour que chacun sache où il faut faire face, où se trouvent les postes voisins et où mènent les chemins qu'on garde. Ce n'est pas toujours facile.

3° *Passer du service de nuit au service de jour.*

Même dans le cas où l'on n'a qu'à reprendre les emplacements quittés la veille, l'opération doit être faite avec précaution. Le point du jour est l'heure la plus avantageuse pour une attaque et il ne faut pas s'exposer à être surpris en mouvement.

Par ailleurs, il importe extrêmement — surtout pour la grand'garde — de reprendre, dès qu'on y voit assez clair pour tirer, une position qui lui permette d'utiliser son feu.

Si donc on ne doit pas se mettre en route dès l'aube, il est nécessaire que la grand'garde prenne — fût-ce pour une heure seulement — une position permettant une bonne résistance par le feu. La surveillance sera plus active dans les dernières heures de la nuit, les patrouilles plus fréquentes et poussées plus loin.

En tous cas, une heure avant qu'il fasse jour on fera prendre lés armes et le commandant de la grand'garde guettera le moment de prendre ses nouvelles dispositions (il est bon d'avoir repris les postes de jour dès qu'on peut distinguer un homme à une centaine de mètres).

Les petits postes seront déplacés, s'il y a lieu, seulement quand la grand'garde sera installée dans sa position « de jour ».

N. B. — Si l'on est arrivé de nuit sur le terrain, le commandant de la grand'garde profite des premières lueurs du jour pour choisir une position provisoire de résistance qu'il fera occuper par le gros de sa compagnie pendant qu'il procède rapidement à la reconnaissance.

TABLE DES MATIÈRES

Nancy, imprimerie Berger-Levrault et Cie

Après l'École et au Régiment. Causeries. *Patrie et armée. Histoire et géographie. Instruction civique. Morale et économie sociales. Hygiène, agriculture, industrie,* par le lieutenant ALEX-COCHE. 1907. Un volume in-8 de 393 pages, broché . . . . **4 fr.**

Pour nos Soldats. *Essai d'éducation morale,* par le capitaine ROMAIN, professeur adjoint d'art militaire à l'École d'application de l'artillerie et du génie. 2e édition. 1907. Un volume in-12 de 200 pages, broché. . . . . **1 fr. 25**

Les Vertus guerrières. Livre du soldat, par le général Ch. THOUMAS. 5e édition. 1891. Un volume in-12 de 406 pages, broché. . . . . **3 fr.**

L'Art de commander. *Principes du commandement,* à l'usage des officiers de tout grade, par le capitaine André GAVET. (Ouvrage couronné par l'Académie française.) 2e édition. 1905. Un volume in-12, broché. . . . . **2 fr. 50**

Essai d'instruction morale, par Prosper SIMON, lieutenant de vaisseau. Nouvelle édition. 1905. In-18, broché . . . . **25 c.**

Pour la France et de bon cœur! *Conseils à un soldat.* 1905. Plaquette in-18. **10 c.** — 25 exempl. **2 fr.** — 50 exempl. **3 fr. 50** — 100 exempl. **6 fr.** — 500 ex. **15 fr.**

L'Agriculture à l'armée. *Manuel de conférences agricoles techniques et pratiques,* à l'usage des officiers et des corps de troupe, par G. G. AUBERT, ingénieur-agronome, garde général des eaux et forêts. 1903. Un vol. in-8, br. **5 fr.**

L'Ordinaire pratique, par le lieutenant A. BILLARD. 1903. In-18, avec figures, cartonné . . . . **50 c.**

La Campagne antialcoolique dans l'armée. *Rôle de l'officier,* par H. TALLON, capitaine au 46e régiment d'infanterie. 1903. Brochure in-18 . . . . **75 c.**

Les Manœuvres suisses en 1907, par le général H. LANGLOIS (Extrait de la *Revue militaire générale*) Grand in-8, avec 1 carte et 10 figures hors texte, br. **1 fr. 25**

Questions de Défense nationale, par le général LANGLOIS, ancien membre du Conseil supérieur de la guerre. 1906. Un volume in-12, broché. . . . . **3 fr. 50**

Mise au point nécessaire. *La Question militaire. La Question du duel. La Question juive. Le Péril jaune.* 1906. Un volume grand in-8 de 440 pages, br. **4 fr.**

La Milice prochaine, ou l'évolution actuelle de notre armée, par A. ROUX, capitaine d'artillerie. 1907. Un volume in-8 de 230 pages, broché . . . . . **5 fr.**

La Vie à la Caserne au point de vue social, par Louis GUENNEBAUD, lieutenant au 41e régiment d'infanterie, docteur en droit. 1906. Un volume in-12 de 139 pages, broché. . . . . **1 fr. 50**

Les Réquisitions militaires en temps de guerre. *Étude de droit international public,* par Ch. PONT, capitaine d'infanterie breveté, docteur en droit. 1905. Un volume grand in-8, broché . . . . **4 fr.**

L'Officier allemand. *Structure du corps d'officiers. — Condition morale et matérielle de l'officier : discipline, recrutement, avancement, instruction, soldes, retraites. — Organisation du commandement,* par le capitaine André GAVET. 1906. Un volume grand in-8 de 314 pages, broché. . . . . **6 fr.**

L'Armée allemande — Das deutsche Heer. *Leitfaden der militärischen Fachsprache und Einrichtungen,* von Hauptmann GRUNANDT, Batteriechef im Holsteinischen Feld-Artillerie-Regiment Nr 24. 1906. Un volume in-18 de 114 pages, relié en percaline. . . . . **2 fr.**

Des Principes de la Guerre. *1re série des Conférences faites à l'École supérieure de guerre,* par F. FOCH, colonel d'artillerie breveté, professeur du cours d'histoire militaire, de stratégie et de tactique générale. 2e édition. 1906. Un volume grand in-8 de 350 pages, avec 25 cartes et croquis, broché . . . . **10 fr.**

— **De la Conduite de la Guerre.** *La Manœuvre pour la bataille. 2e série des Conférences faites à l'École supérieure de guerre,* par le même. 1904. Un volume grand in-8 de 502 pages, avec 13 cartes et croquis, broché . . . . **10 fr.**

La Manœuvre de Lützen, par le colonel LANREZAC, professeur à l'École supérieure de guerre. 1904. Un volume grand in-8 de 291 pages, avec 18 croquis, br **10 fr.**

Évaluation des distances. *Reconnaissance des objectifs et du terrain,* par le général PERCIN. Troisième tirage. 1908. In-8, 51 pages, avec une planche hors texte, broché . . . . **60 c.**

Nancy, impr. Berger-Levrault et Cie

www.ingramcontent.com/pod-product-compliance
Ingram Content Group UK Ltd.
Pitfield, Milton Keynes, MK11 3LW, UK
UKHW020327230726
13925UKWH00002B/662

9 782013 458207